L'ENNÉAGRAMME

Jean-Philippe Vidal

L'ENNÉAGRAMME

Deuxième édition

EYROLLES

Éditions Eyrolles
61, bd Saint-Germain
75240 Paris Cedex 05
www.editions-eyrolles.com

Mise en pages : Istria

ISBN : 978-2-212-56716-8

SOMMAIRE

INTRODUCTION

Qu'est-ce que l'ennéagramme ?

Quand quelqu'un me demande quelle est mon activité et que je réponds que j'enseigne l'ennéagramme, si mon interlocuteur n'en a jamais entendu parler auparavant, j'obtiens quasi systématiquement un regard interloqué en réaction à ce mot à la prononciation si étrange, qui semble sortir tout droit d'un autre monde. Et ce n'est finalement pas si faux, car si ce terme trouve ses racines dans une langue grecque qui fut bien de ce monde, *ennea* signifiant « 9 » et *gramma* « dessin », donc « dessin à neuf points » (celui qui est reproduit ci-dessous), il nous ouvre grand les portes d'un autre monde : celui de la découverte de nous-mêmes et de nos structures de fonctionnement.

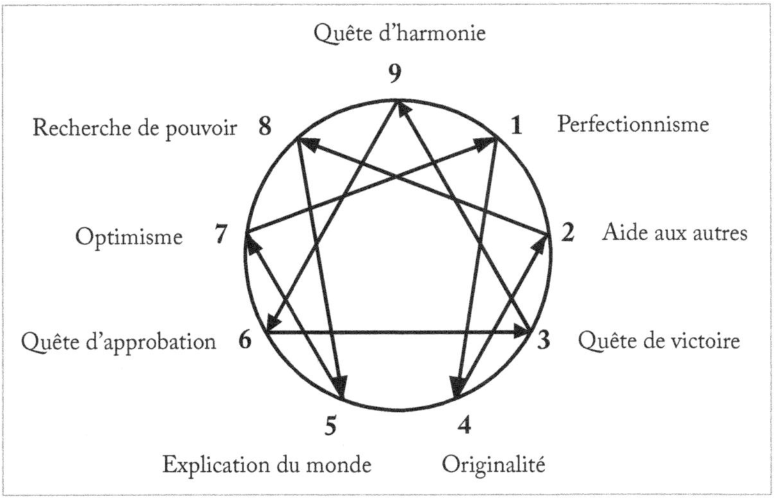

Une carte de la psyché humaine

L'ennéagramme est une carte qui décrit le fonctionnement d'une grande partie de la psyché humaine ; elle nous explique comment nous fonctionnons. Attention, ce n'est bien sûr qu'une carte, et il serait dangereux de vouloir réduire l'être humain aux mécanismes qui y sont expliqués : toute carte est partielle, donc imprécise. Lorsque vous faites une randonnée, votre carte, quelle qu'elle soit, ne vous signalera pas le petit caillou qui entrera dans votre chaussure au sixième kilomètre… Cette carte est donc forcément partielle, forcément imparfaite. Et pourtant, pour en avoir étudié de très nombreuses dans le cadre de mes activités, c'est toujours vers l'ennéagramme que je reviens, car elle est à ma connaissance la plus précise et la plus judicieuse à ce jour.

L'ennéagramme décrit neuf stratégies d'interaction avec le monde qui forment un ensemble complet et suffisant. Il n'y en a pas huit, il n'y en a pas dix, il y en a neuf exactement, et cela vous semblera tout à fait logique quand vous aurez lu le chapitre sur la théorie des centres qui sous-tend l'ennéagramme, dans la deuxième partie de cet ouvrage.

Une palette de réactions

Face à une situation rencontrée, nous disposons d'une palette de réactions possibles. Selon les circonstances, certaines sont plus efficaces ou plus adaptées que d'autres, et il y en a toujours une qui conviendrait particulièrement bien. Le problème, c'est qu'à l'intérieur de ce jeu de neuf cartes, nous avons nos « préférences de jeu » et avons tendance à surjouer toujours la même carte, parfois avec raison, parfois de manière beaucoup moins judicieuse – c'est ainsi. C'est un peu comme si nous étions en « pilote automatique » et qu'au lieu de profiter de la richesse des ressources que nous avons à notre disposition, nous nous cantonnions à des stratégies bien connues. Et bien sûr, plus il y a de stress, plus nous nous recroquevillons sur le connu, aboutissant au final à des comportements correspondant, dans le pire des cas, à l'utilisation d'une seule et même carte en toute situation, notre « joker ». Notre comportement devient alors stéréotypé, parfois caricatural.

L'ennéagramme des personnalités

Une approche simpliste mais efficace de l'ennéagramme est alors d'identifier neuf profils de personnalité correspondant aux stéréotypes consistant à ne jouer la plupart du temps qu'une seule carte parmi les neuf. On parle alors de « l'ennéagramme des personnalités », et on peut ainsi classer les individus en neuf grandes familles de fonctionnement, avec les problèmes et les ressources inhérents aux types en question. Il existe des tests pour évaluer son profil – la deuxième partie de cet ouvrage vous en propose d'ailleurs un. L'ennéagramme devient alors un outil très puissant pour mieux comprendre l'autre, les raisons de ses comportements, et ainsi aboutir à plus de prédictibilité et de tolérance.

Le contraire d'une vision enfermante

Cependant, malgré toutes ses vertus, cette vision de l'ennéagramme comme une simple typologie peut devenir, si l'on n'y prend pas garde, un enfermement, alors que le plus beau cadeau que puisse vous offrir l'ennéagramme est au contraire de vous aider à sortir de votre boîte !

En effet, comme je le disais plus haut, l'ennéagramme décrit neuf stratégies d'interaction au monde dont une sera toujours particulièrement adaptée à une situation donnée. L'utilisation la plus intéressante de l'ennéagramme consiste alors à apprendre à maîtriser toutes ces stratégies et à savoir celle qui sera adéquate le moment venu. On apprend donc avec l'ennéagramme à « ouvrir son jeu », à sortir de ses mécanismes automatiques involontaires et de ses enfermements une fois que ceux-ci auront été diagnostiqués par un typage de profil psychologique de départ.

Des automatismes « prison »

Nos automatismes de fonctionnement sont une prison, parfois confortable, parfois étouffante. L'ennéagramme est une clef pour ouvrir la porte de cette prison et conquérir notre liberté intérieure. Toutes nos crispations sur un mécanisme privilégié ou sur un autre parmi les neuf, en fonction des individus, nous parlent de situations dans lesquelles nous ne choisissons pas : « ça se fait ». En reprenant le contrôle de ces automatismes, nous pouvons à nouveau choisir, affirmer qui nous sommes vraiment au fond de nous de manière décidée, assumée et responsable. L'ennéagramme nous aide à devenir pleinement nous-mêmes.

Une boussole pour progresser

Il est évident que par rapport à la structure psychologique qui sera la vôtre quand vous vous situerez à l'intérieur du « système ennéagramme » (neuf profils au niveau le plus simple, cinquante-quatre quand on affine le système avec les ailes et les sous-types, comme nous le ferons en deuxième partie de cet ouvrage), les défis de croissance et les solutions pour grandir ne seront pas les mêmes.

En cela, l'approche ennéagramme devient un outil puissant pour vous guider vers votre croissance personnelle sans vous perdre sur de fausses routes.

Champs d'application

Vous l'aurez compris, l'ennéagramme est un outil puissant et efficace dans tous les champs de la relation humaine. Il prouve en particulier son efficacité dans les domaines suivants.

Relations aux autres

Si je comprends mes propres modes de fonctionnement et les modes de fonctionnement de l'autre, je peux alors comprendre d'où viennent mes difficultés de communication, nos points de friction, et améliorer grandement mes relations interindividuelles dans tous les cas de figure : avec mes enfants, mes collègues de travail, mes amis, ma famille, au sein de mon couple. Enfin je comprends pourquoi « ça ne marche pas », et je dispose de clefs pour rétablir le dialogue.

Efficacité professionnelle

En connaissant les modes de fonctionnement de mes collaborateurs, je sais quels sont les éléments qui les motivent ou les démotivent, je connais les talents de chacun, je comprends comment organiser mon équipe pour en tirer l'optimum. Pour toutes ces questions, l'ennéagramme est un outil de premier choix.

Développement personnel

On l'a vu plus haut, l'ennéagramme est une merveilleuse boussole pour progresser dans la découverte et l'affirmation de soi. Ce faisant, il est une méthode majeure de développement personnel.

Structure de l'ouvrage

Cet ouvrage est composé de trois parties.

- La première, en dressant l'historique de l'ennéagramme, explique en profondeur d'où vient cette approche, quelles sont ses potentialités et où elle va.
- La deuxième vous permettra d'explorer les fondements théoriques du système pour en comprendre toute la subtilité.
- La troisième vous proposera de mettre en application cette approche en vous proposant des exercices et outils pour grandir avec l'ennéagramme, pour mieux communiquer avec les autres, et pour en tirer profit dans une optique d'efficacité professionnelle.

Après ce menu, qui je l'espère vous aura mis l'eau à la bouche, je vous invite à commencer à déguster cet ouvrage. Bonne lecture !

PARTIE 1

L'HISTOIRE DE L'ENNÉAGRAMME

Introduit dans le monde moderne dans les années 1970 par Oscar Ichazo, le parcours de l'ennéagramme est depuis lors précisément identifié et permet d'éclairer les objectifs et apports initiaux de ce système.

Avant Ichazo, les origines de l'ennéagramme sont plus obscures et souvent spéculatives, mais il est quelques pistes qui méritent d'être citées.

Après la première vague de déploiement de l'ennéagramme, des auteurs ont commencé à intégrer cette approche à d'autres, potentialisant ainsi leurs complémentarités et donnant naissance à l'ennéagramme de troisième génération.

Avant d'aborder dans la deuxième partie de l'ouvrage le « comment » de l'ennéagramme à travers une approche des fondements théoriques, puis de partir à la découverte de mises en pratique concrètes, je vous propose d'utiliser le fil conducteur de l'historique du système pour prendre toute la mesure du « pour quoi » de l'ennéagramme.

Pour ce faire, nous explorerons d'abord l'histoire des débuts de l'ennéagramme moderne, d'Ichazo aux premières écoles historiques, en en profitant pour poser clairement une définition des neuf « profils » qu'on a l'habitude d'y manipuler. Il sera ensuite culturellement intéressant de déchirer le voile, même seulement légèrement, sur ce qui était là avant Oscar Ichazo. Enfin, une vision des derniers développements autour de l'ennéagramme nous permettra de saisir tout son potentiel.

CHAPITRE 1

L'ENNÉAGRAMME MODERNE

Au programme

- Oscar Ichazo et son enseignement mystique
- Ennéagramme et psychologie moderne
- Les neuf types de personnalité
- La Tradition orale et les autres écoles historiques

Oscar Ichazo et Arica

L'ennéagramme est la synthèse moderne d'un certain nombre de traditions de sagesse antique, mais la personne à l'origine de l'intégration des divers éléments qui y contribuent est Oscar Ichazo, né en 1931 en Bolivie. Dans sa jeunesse, il voyage en Asie et collecte auprès de divers mystiques des connaissances qu'il assemble progressivement en un système cohérent.

Enseignement d'origine

Après plusieurs années de développement de ses idées, Ichazo crée l'école Arica, et enseigne à la fin des années 1960 et au début des années 1970 un système complexe, incluant des enseignements théoriques, de la méditation, des exercices, un système composé de 108 ennéagrammes différents (ou « ennéagones », dans la terminologie qui lui est propre), à l'objectif très orienté vers la métaphysique et la spiritualité. Son système est en effet conçu pour mettre au jour les liens entre notre essence divine et notre personnalité, ou ego. Ichazo déclare dans *Interviews with Oscar Ichazo*, édité par lui-même :

Nous devons faire la distinction entre un homme tel qu'il est, par essence, et comme il est dans l'ego ou la personnalité. Essentiellement, chaque personne est parfaite, sans peur, et dans une unité d'amour avec le cosmos tout entier. Il n'y a pas de conflit au sein de la personne. Entre la tête, le cœur et l'estomac ou entre la personne et d'autres. Puis quelque chose se passe : l'ego commence à se développer, le karma s'accumule, il y a un passage de l'objectivité à la subjectivité, l'homme tombe de l'essence dans la personnalité.

Adaptation occidentale

En 1970, un groupe d'Américains vient étudier le système d'Ichazo en Amérique du Sud pour expérimenter les méthodes de réalisation de soi qui y sont proposées. Parmi ceux-ci, des écrivains et des psychologues, et Claudio Naranjo, psychiatre de son état, collaborateur de Fritz Perls, le père de la Gestalt-thérapie. C'est Naranjo qui extraira du système coloré de vocabulaire ésotérique d'Ichazo un système en phase avec le mode de pensée occidental : l'ennéagramme des personnalités tel qu'il est véhiculé aujourd'hui.

L'école Arica existe toujours. Certains éléments des notions qu'on y apprend sont publiés, d'autres sont réservés aux seuls membres. Ne faisant pas partie de ce groupement, il m'est difficile d'en parler plus avant. Une visite du site Internet d'Arica vous permettra sûrement de vous faire une idée personnelle de cette organisation qui vous propose un « chemin vers l'illumination ».

Pour la suite de notre propos, je vous propose de suivre Claudio Naranjo à son retour aux États-Unis.

Rapprochement avec la psychologie moderne

Le travail de Claudio Naranjo

Après avoir reçu l'enseignement d'Arica, Claudio Naranjo s'intéresse particulièrement à l'aspect du système renvoyant aux typologies de personnalité. Combinant ses connaissances aux éléments recueillis auprès d'Ichazo pragmatiquement utilisables au regard de ses pratiques de psychothérapeute, il réalise la jonction entre les concepts ésotériques d'Arica et la psychologie occidentale moderne en mettant en lumière que chacun des neuf profils de personnalité que pointe l'ennéagramme est un scénario de repli de plus en plus profond sur une des neuf stratégies de comportement qui y sont identifiées. Plus on se replie sur une stratégie, plus on devient caricatural, prévisible ; dans le vocabulaire de l'ennéagramme, on dira qu'on se « désintègre » de plus en plus. Dans les cas de désintégration les plus extrêmes, Naranjo établira un lien aux profils pathologiques répertoriés dans le manuel américain des troubles psychiatriques, le DSM (*Diagnostic and Statistical Manual of Mental Disorders*), donnant ainsi à l'ennéagramme des personnalités une crédibilité bien assise.

Le système ainsi mis au point sera véhiculé par Naranjo dans le cadre de groupes qu'il crée, les SAT (*Seekers after Truth*, Chercheurs de vérité), auxquels participeront ceux qui seront à l'origine des écoles de deuxième génération, sur lesquelles nous reviendrons dans la section suivante.

Un système simplifié

L'avantage d'avoir simplifié le système initial pour en faire une typologie de personnalité est évident : il permet de disposer d'un système simple et clair qui reprend les habitudes de la psychologie occidentale moderne, cherchant à catégoriser les modes de fonctionnement sur un ensemble fini de possibilités.

Le piège de l'identification

Le revers de la médaille, c'est qu'il devient facile de tomber dans le piège de l'identification et de dire « telle personne est le profil n° 1, ou 2, ou 3 », ou pis, de se le dire à soi-même (« je suis 1, ou 2, ou 3 »...). Or, les neuf familles de comportement identifiées sont toutes à notre disposition, et il ne se passe pas une journée sans que nous ne les employions toutes au moins une fois. Cependant, il est clair que plus nous sommes « désintégrés », plus nous avons tendance à jouer toujours la même stratégie et à nous rapprocher des neuf caricatures décrites par les « profils de l'ennéagramme ».

Contrer le risque

Pour éviter de tomber dans ce piège de l'identification, qui n'était pas présent chez Ichazo compte tenu des objectifs poursuivis, il convient d'adapter son vocabulaire. Plutôt que de dire « Pierre EST un 4 », vous aurez intérêt à toujours dire « Pierre FAIT du 4 ». Vous ouvrez ainsi dans votre esprit la possibilité pour Pierre d'avoir, à un moment donné, d'autres comportements que ceux que prévoit le mécanisme n° 4 !

Ces éclaircissements ayant été apportés, vous ne tomberez plus dans le piège de vous réduire au fonctionnement dominant chez vous dans l'ennéagramme des personnalités, l'enjeu étant au final d'élargir le panel de vos réponses possibles face à une situation donnée.

Les neuf types de personnalité

Je peux à présent vous présenter sans crainte les neuf « types de personnalité » dont parle l'ennéagramme utilisé comme une typologie. Vous aurez compris que ces neuf tableaux sont neuf caricatures de personnes qui resteraient enfermées du matin au soir dans une seule des neuf stratégies. Toute ressemblance avec une personne de votre entourage ne serait que le signe que cette personne vit un état particulièrement désintégré, mais vous ne pouvez la réduire à ces manifestations, car quand elle « ira mieux » (on dit dans le vocabulaire de l'ennéagramme « quand elle s'intégrera »), elle vous donnera à voir une palette de fonctionnements bien plus large et plus riche, choisis en phase avec qui elle est vraiment.

Allons donc à présent assouvir notre curiosité et découvrir nos neuf caricatures…

1. Perfectionnisme

Rigueur

Une personne prisonnière du mécanisme « 1. Perfectionnisme » cherche à tout faire le plus parfaitement possible, mais les résultats ne sont jamais à la hauteur de ses attentes. Ayant peur de se retrouver corrompu et immoral, cet individu cultive des idéaux moraux et une grande rigueur personnelle. Il est fier de s'affirmer comme une personne droite et travailleuse. La pire des choses qui pourrait lui arriver serait de commettre des erreurs, et il fait tout pour les éviter, à tout prix. Il s'agit toujours pour lui de travailler d'abord et de ne se reposer qu'une fois le résultat atteint, et à la hauteur de ses exigences (c'est-à-dire, bien souvent, jamais !).

Les choses ne se passant jamais aussi parfaitement qu'il le souhaiterait, il a tendance à se laisser facilement envahir par une colère dont l'affirmation serait toutefois parfaitement indéfendable au regard de ses idéaux moraux. Aussi, s'il manque notoirement de patience, il retient sa colère, et cette colère contenue transpire souvent malgré lui dans ses attitudes.

Rigidité

Chez lui, chaque chose se doit d'être rangée à sa place (bien qu'il puisse souvent avoir des « endroits secrets » où règne le plus grand bazar, une sorte de soupape de sécurité, en quelque sorte), et il peut paraître assez rigide. Ces rigidités se retrouvent d'ailleurs au niveau du corps, de la nuque et des épaules ou de la crispation des mâchoires, par exemple. Il ne manque pas de critiquer les autres, au fond une stratégie de défense pour éviter d'être lui-même critiqué, ce qu'il supporte très mal.

Pour lui, il n'y a qu'une seule vraie bonne façon de faire les choses, la sienne, et il se pose facilement en donneur de leçons. On trouve dans son vocabulaire beaucoup d'expressions du genre « on doit... » ou « il faut que... », attestant que, dans son esprit, sa manière d'être est la bonne. Habitué à repérer tout ce qui ne va pas, il peut parfois ne pas arriver à voir quelque chose qui va bien...

Dans les cas les plus désintégrés, on peut rapprocher cette caricature de la description des personnalités « obsessionnelles » du DSM, qui se caractérisent par le perfectionnisme, l'obstination, une froideur relationnelle, le doute et la rigueur morale.

2. Aide aux autres

Amour imposé

Une personne prisonnière du mécanisme « 2. Aide aux autres » a peur d'être indigne d'amour et souhaite profondément qu'on l'aime. Confondant l'amour avec une marchandise, elle en tire la fausse conclusion que le meilleur moyen d'en recevoir, c'est d'en donner. Elle s'affirme donc haut et fort comme quelqu'un qui aime et aide les autres en toutes circonstances. La meilleure façon qu'elle a trouvée d'être toujours au service des autres, à l'écoute de leurs besoins, est d'éviter de reconnaître ses propres besoins en les réprimant s'ils surgissent. Cela prend une tournure si inconsciente qu'il est commun, par exemple, que dans une pièce où elle a chaud, cette personne identifie quelqu'un d'autre qui a chaud pour lui « faire porter son besoin » et lui propose d'ouvrir la fenêtre « pour lui »...

Cette personne aura donc naturellement tendance à exagérer son importance dans la vie d'autrui pour revendiquer en retour l'amour qu'elle attend. Par ce biais, elle pourra manquer d'humilité et afficher un orgueil qui se cache mal. Afin que vous vous sentiez aimé et ayez envie de lui fournir l'amour qu'elle attend en retour, elle usera volontiers de flatterie à votre égard. S'il apparaît que cela ne marche pas avec vous, vous risquez de récolter son dédain : aucun commerce n'étant possible avec vous, autant se tourner vers d'autres pour obtenir l'amour offert en récompense de son dévouement !

Se rendre indispensable

Si vous ne retournez pas « à hauteur » l'amour qui a été investi, vous risquez d'entendre à un moment ou à un autre l'inévitable phrase qui démasque tout le mécanisme en œuvre ici : « avec tout ce que j'ai fait pour toi... ». La personne enfermée en « 2 » anticipe les besoins et encourage ainsi la dépendance des autres. Elle donne des conseils, ou apporte une aide directe, ou fait jouer son réseau relationnel – qu'elle a en général bien développé – en votre faveur. Elle ne revendique pas forcément le devant de la scène, mais cherche à plaire et est séductrice.

Dans les cas les plus désintégrés, on peut rapprocher cette caricature de la description des personnalités « histrioniques » du DSM, qui se caractérisent par une recherche de l'attention des autres, une dramatisation de l'expression émotionnelle, un style de discours évoquant des impressions et ressentis avec manque de précision et de détail, et une tendance à idéaliser l'autre ou au contraire à le dévaluer très vite.

3. Quête de victoire

Obsession du succès

Une personne prisonnière du mécanisme « 3. Quête de victoire » a peur d'être sans valeur et désire donc en avoir. Elle fait toutefois une forte confusion entre « être » et « faire », et ne peut pas imaginer « être » si elle ne « réalise » pas quelque chose. Aussi développe-t-elle une capacité à réussir, à mener à bien des projets qui seront autant de succès lui permettant d'affirmer qu'elle est efficace, tout en mesurant son sentiment d'exister au périmètre de ses conquêtes. La pire des choses est pour elle l'échec, car un échec du projet à accomplir devient de facto, avec la confusion énoncée plus haut, un échec de ce qu'elle est ! Aussi gagner, atteindre la première place sur le podium, revêt-il une importance capitale.

Cependant, le succès ne pouvant pas être systématiquement au rendez-vous, il convient de camoufler ses échecs, et le mensonge est pour cela une arme de choix. Cette personne n'aime pas reconnaître qu'elle triche, préférant dire qu'elle « aménage la vérité »... Ce faisant, elle sera amenée à jouer plusieurs rôles, en fonction des circonstances et personnes présentes. Ainsi, ses collègues ne reconnaîtraient pas ce cadre modèle dans la journée lors de sa sortie du soir avec des amis, distincts de ses collègues, à un match de rugby. Il y a là un côté caméléon qui sait sentir les attentes des autres et y coller, résultant de la fausse équivalence faite entre être aimé et être admiré. Tout cela éloigne cette personne de l'authenticité.

Gagner pour plaire

Il y a ici souvent un besoin de comptabiliser les points de manière compulsive et de plaire à celui qui tient les comptes. L'argent est un marqueur classique de cette réussite. On remarque une tendance à comparer sa performance à celle des autres afin de s'évaluer soi-même. Pour certaines personnes très prisonnières du « 3 », parler dix minutes sans utiliser les mots « gagnant » ou « perdant » peut être un véritable défi (et elles aiment les défis – pour les gagner...).

Ne supportant pas de rester trop longtemps sur une plage sans rien faire, ce sont des travailleurs acharnés et sans limite quand il s'agit de décrocher un succès. Gagner devient parfois tellement important qu'ils n'ont plus de vie privée. Leur agenda est toujours bien rempli, car les espaces vides ont quelque chose d'angoissant. Pour obtenir la reconnaissance qu'ils visent, ils développent une grande capacité à vanter leurs réalisations, ce qui fait d'eux d'excellents vendeurs. Séducteurs, beaux parleurs, la première chose qu'ils vendent, c'est eux-mêmes.

Claudio Naranjo remarque dans ses écrits, non sans un certain humour, qu'il ne trouve pas dans le DSM de profil pathologique en phase avec le mécanisme « 3 » – pas si étonnant dans le pays d'origine du DSM, les États-Unis, où les comportements évoqués ici sont culturellement valorisés et jugés souhaitables.

4. Originalité

Émotions exacerbées

Une personne prisonnière du mécanisme « 4. Originalité » désire profondément exister dans son authenticité, mais craint de manquer terriblement d'originalité. Elle surinvestit donc ce point et affirme haut et fort qu'elle est différente et sensible. Pour y parvenir, elle évite à tout prix la banalité et cultive le fait d'être à part. Capable d'émotions spectaculaires, elle refuse que son climat émotionnel soit identique à celui des autres, et cultive donc une tendance aux émotions extrêmes. Vers le haut, elle peut se montrer joyeuse plus que de raison, et, vers le bas, elle développe un fond mélancolique dans lequel il lui est plus facile de se maintenir que dans des extrêmes positifs, ce qui lui donne souvent un fond dépressif marqué. Très à l'écoute de son côté émotionnel, elle peut en parler avec des nuances et une précision qui en étonneront plus d'un, au point où, touchant à l'incommunicable, elle conclut par un « de toute façon tu ne peux pas me comprendre » assez classique ici.

Le mécanisme 4 est très sollicité chez les jeunes à l'adolescence, au moment de la construction de l'identité. Il est aussi très fréquemment observé chez de nombreux poètes et chanteurs. En effet, ce mécanisme offre une capacité privilégiée à sublimer les trop-pleins émotionnels qui trouve toute sa place dans les milieux artistiques.

Le prisonnier de « 4 » est une vraie « éponge » émotionnelle qui fait son marché dans les émotions de son entourage pour alimenter sa propre spirale émotionnelle ascendante ou descendante, selon les cas. Comme il est préoccupé de se démarquer des autres, l'originalité et la différence de l'autre lui font envie, l'éloignant du contentement et de l'harmonie qui en découle. Il est particulièrement sensible à ce qui manque, ce qui n'est pas là et devrait y être, alimentant ainsi sa mélancolie.

Un monde intérieur riche

S'il n'est pas envisageable de se comparer aux autres sur leur terrain, la solution devient alors de justement ne pas être comme tout le monde, de rechercher l'originalité et de fuir la banalité pour ne plus être comparable à un autre (évitant ainsi le risque de perdre à la comparaison). La personne touchée déteste donc tout ce qui est ordinaire. Elle s'implique à fond dans des activités dans lesquelles son individualité pourra transparaître, faute de quoi elle a tendance à tout remettre au lendemain. Trouvant la réalité banale et triste, elle fuit volontiers dans un imaginaire riche. Visionnaire, elle dispose d'un sens du beau qui la rend sensible à la décoration et aux éléments visuels de son environnement.

Son monde intérieur est si important qu'il peut parfois paraître plus vrai que la réalité extérieure, empêchant une vraie écoute de l'autre. Des actes symboliques sont souvent posés, car ils permettent de jeter un pont entre leur riche monde intérieur et l'extérieur.

Les cas les plus désintégrés rappellent la description des personnalités « dépressives » du DSM qui se caractérisent par le pessimisme, l'humeur triste, l'« anhédonie » (difficulté à éprouver du plaisir même dans des activités communément jugées agréables) et l'autodévalorisation.

5. Explication du monde

Soif de comprendre

Une personne prisonnière du mécanisme « 5. Explication du monde » a peur de ne pas être à la hauteur pour affronter le monde, mais reste persuadée que si elle arrive à en décoder les fonctionnements, alors elle pourra s'y aventurer en ayant les moyens de faire face aux situations rencontrées. La peur d'être sans ressources, incapable, conduit à une orientation vers la connaissance et la précision qui vise à pouvoir affirmer haut et fort « je sais, je comprends ». L'enjeu est donc de bien expliquer le monde, à l'abri dans sa bulle, pour s'y jeter une fois prêt (c'est-à-dire, en fait, jamais !). Le véritable problème, ici, est que tout le temps passé à expliquer le monde est du temps qui n'est pas passé à s'y impliquer. La connaissance étant un processus exponentiel, il est bien peu probable que la personne concernée parvienne à décréter un jour être au bout de ses observations et prête à sortir de sa grotte…

Isolation

L'individu prisonnier du « 5 » est donc détaché, il s'isole. Il est avare de lui-même, s'offre peu au monde. L'isolation se joue avec les autres : les collègues de travail ne connaissent pas sa famille, sa famille ne connaît pas ses amis, ses amis ne connaissent pas ses collègues de travail, et rien n'est pire qu'une « fuite » d'information entre les silos qu'il prend tant de soin à isoler les uns des autres. Mais l'isolation se joue aussi à l'intérieur de lui. Investi au niveau de la pensée, il n'est pas vraiment en contact avec son corps et ses émotions, ce qui d'une part le rend gauche, et d'autre part provoque souvent, vu de l'extérieur, une froideur relationnelle. Observateur, il n'est pas bavard, et un contact trop prolongé dans un cadre mondain le vide de son énergie. Il lui faut alors s'isoler pour se ressourcer avant de pouvoir « revenir dans la mêlée ». Il n'apprécie pas les mondanités, auxquelles il se dérobe dès qu'il le peut.

Minimaliste, il aime à optimiser les choses. Cherchant à connaître les leviers lui permettant de contrôler les situations, il vise une compréhension en profondeur des mécanismes en jeu. Il est donc en permanence en recherche d'information. Il aime l'autonomie et les activités dans lesquelles il peut rester seul.

Dans les cas les plus désintégrés, on peut rapprocher cette caricature de la description des personnalités « schizoïdes » du DSM, qui se caractérisent par un abord souvent impassible et détaché, une indifférence apparente aux compliments ou aux critiques, le choix privilégié d'activités solitaires et un nombre réduit d'amis intimes.

6. Quête d'approbation

Sécurité du groupe

Une personne prisonnière du mécanisme « 6. Quête d'approbation » désire être en sécurité mais pense ne pas être en mesure d'assurer seule cette sécurité. La seule solution qui se présente à elle est donc de s'intégrer à un groupe à l'intérieur duquel elle se sent protégée. Elle développe donc une grande loyauté envers ce groupe, affirmant faire son devoir vis-à-vis de lui. Rien ne serait pire pour elle que de se faire rejeter du groupe, car elle se retrouverait alors seule et incapable de se défendre. Aussi est-il important d'éviter à tout prix tout comportement qui pourrait la faire montrer du doigt et ensuite bannir. C'est pourquoi elle est très attachée à la connaissance des règles en vigueur afin de pouvoir les respecter. Inconsciemment, elle met en place un mécanisme pour s'éviter d'avoir de « mauvaises pensées » qui ne seraient pas conformes aux attentes du groupe d'appartenance : c'est la projection. Ce mécanisme inconscient « projette » sur l'autre des choses que nous ne pouvons assumer directement. Par exemple, si je pense de mon voisin « il a une sale tête » et qu'une telle pensée n'est, selon mes critères, pas acceptable, mon inconscient peut faire exister cette pensée d'une manière plus confortable en la projetant sur mon voisin ; elle devient donc : « Mon voisin me regarde avec un drôle d'air, ma tête ne doit pas lui revenir… » En fait, cette pensée m'appartient, mais par projection je la vois chez l'autre. Le prisonnier du « 6 » projette tout ce qui est déviant vis-à-vis de son groupe d'appartenance. Ce faisant, il voit souvent des choses très négatives (qui en fait lui appartiennent) dans le regard des autres. Il développe ainsi une forte tendance au doute et à la suspicion et a beaucoup de mal à faire confiance.

Méfiance et témérité

L'univers subjectif étant ici dangereux, un climat de peur s'installe. Alors que la réponse la plus juste à la peur est le courage (j'ai peur mais j'y vais avec ma peur), une tendance réactionnelle peut se déclencher qui consiste à combattre sa peur en la niant. On tombe alors dans la témérité : la personne passe sans avertissement préalable d'un comportement qu'on pouvait juger timoré à un comportement consistant à foncer droit vers le danger ; ce mécanisme porte le nom de « contrephobie ». La personne concernée « attaque » là où est la peur. Un exemple de comportement concret pourrait être celui qui consiste à quitter son partenaire de peur qu'il ne nous quitte… L'individu « 6 » est donc parfois prudent, parfois audacieux, ce qui le rend particulièrement difficile à comprendre.

Dans les cas les plus désintégrés, on peut rapprocher cette caricature de la description des personnalités « paranoïdes » du DSM qui se caractérisent par le cumul d'une méfiance (suspecter les autres de mauvaises intentions à son égard, rester toujours sur ses gardes, mettre en doute la loyauté des autres, même ses proches, rechercher activement et dans le détail les preuves de ses soupçons sans tenir compte de la situation d'ensemble) alliée à une certaine rigidité (se montrer rationnel, froid, logique, et résister fermement aux arguments des autres, difficulté à témoigner de la tendresse ou des émotions positives).

7. Optimisme

La joie à tout prix

Une personne prisonnière du mécanisme « 7. Optimisme » a terriblement peur de la souffrance et de la privation et fait tout pour s'en éloigner. L'enjeu est pour elle de pouvoir vivre sa vie sans souffrance intérieure. Le meilleur moyen est alors de cultiver le positif, de rester en toutes circonstances dans des dispositions de joie et d'optimisme. Si une chose désagréable fait son apparition, la personne concernée lui cherche une justification logique, créant une prise de distance par rapport aux événements et tenant ainsi à distance les implications émotionnelles dérangeantes : c'est le processus de rationalisation.

À la recherche de situations plaisantes lui garantissant de ne pas avoir à vivre la souffrance qui lui fait si peur, elle tombe dans la gourmandise. Elle voudrait tout avoir et tout goûter. Il en résulte des attitudes de « papillonnage » : elle explore un maximum de possibilités sans jamais s'autoriser la profondeur, et quand elle reste trop longtemps plongée dans une expérience, une pensée parasite surgit et lui suggère qu'elle est peut-être en train de rater quelque chose de mieux ailleurs ; de ce moment, elle n'est plus dans l'expérience initiale. Il peut donc lui être particulièrement difficile de demeurer à ce qu'elle fait.

Solutions de repli

La peur que la « fin du pain blanc » n'arrive, que l'expérience ne passe à sa phase désagréable, renforce cet effet et la pousse à toujours avoir des solutions de rechange, des options pour ne pas devoir subir une situation donnée : un livre dans le vide-poches de la voiture est une bonne façon de ne pas subir un éventuel bouchon, par exemple. Mais le meilleur moyen de se garantir des options reste de planifier son avenir en se construisant mentalement un arbre des possibles avec des ramifications. Il assure qu'on ne se fera jamais « prendre » dans une ornière, ayant toujours des solutions de repli. Le problème, c'est que cette planification peut parfois prendre le pas sur le vécu. Ainsi, il peut être très agréable de planifier un voyage en imaginant toutes les bonnes choses qui vont y arriver, mais le faire effectivement peut parfois revêtir un aspect secondaire, surtout au vu des situations désagréables qu'on pourrait y rencontrer et qui n'ont pas leur place dans l'imaginaire positif…

Superficialité protectrice

Être profondément ludique, le prisonnier du « 7 » aime prendre du bon temps et rire de tout, parfois d'ailleurs au détriment des autres. Étant détaché de ses émotions (parce qu'elles peuvent être douloureuses), il peut, sans s'en rendre vraiment compte, faire un jeu de mots certes bien ficelé, mais émotionnellement blessant pour l'autre. On peut dire de lui que c'est une sorte de Peter Pan : éternel adolescent, épris de liberté à tout prix, il refuse de grandir, allant jusqu'à effacer de sa mémoire les vécus négatifs pour ne se rappeler que de bons souvenirs. Il aime la mise en scène : plutôt que d'entrer dans une pièce, il y fait souvent « son entrée ». Il déborde d'idées et lance plusieurs projets en même temps, parfois pour n'en finir aucun, car il est plus adepte de l'étendue que de la profondeur.

Les cas les plus désintégrés de cette caricature rappellent la description des personnalités « narcissiques » du DSM, qui se caractérisent par un sentiment d'être exceptionnel, des ambitions de succès éclatant, un souci de l'apparence physique et vestimentaire, l'attente d'attentions et de privilèges sans se sentir obligé à la réciprocité, une tendance à exploiter et à manipuler l'autre, et peu d'empathie.

8. Recherche de pouvoir

Forts et faibles

Une personne prisonnière du mécanisme « 8. Recherche de pouvoir » craint d'être blessée ou contrôlée par quelqu'un d'autre et cherche donc à occuper une position de leader afin de garder le contrôle de la situation. Elle adopte une posture affichant courage et puissance, s'affirmant comme une personne forte et juste, à même de mener les plus faibles qu'elle. Cette posture lui impose d'éviter à tout prix toute faiblesse personnelle, et observer la faiblesse chez les autres lui est également difficile. Fonctionnant de manière binaire, elle voit le monde peuplé de forts et de faibles. Les forts seront des ennemis, respectables, à combattre si des alliances provisoires garantissant le territoire de chacun ne peuvent être trouvées. Les faibles pourront être parfois pris sous son aile protectrice, auquel cas une loyauté et une obéissance sans limite seront attendues, car gare à la trahison qui appellerait sa vengeance !

Excès

On est ici face à une énergie expansive déployée pour vaincre tous les obstacles et défis d'un monde qui, vu en noir et blanc, en tout ou rien, est considéré comme un champ de bataille. Pour soutenir cette énergie, le prisonnier du « 8 » laisse librement s'exprimer une colère abondante, qui peut parfois induire un vocabulaire grossier.

Il est excessif en tout : excessivement tenace quand il est question de se venger, excessivement généreux quand il a décidé de vous faire plaisir. La demi-mesure, ce n'est pas pour lui. Parfois, il provoque les autres, non pour chercher la guerre, mais pour tester « ce qu'ils ont dans le ventre », et cesse la provocation aussi vite qu'il l'a démarrée une fois qu'il sait à quoi s'en tenir. Audacieux, il est un excellent organisateur qui peut vouloir contrôler jusqu'aux moindres détails et rester informé de tout ce qui se passe, parfois officiellement, parfois par le réseau d'« indicateurs » qu'il ne manque pas de se constituer. Avec son franc-parler et fonctionnant souvent sur le principe du tout ou rien, il se décide et agit très vite ; il est un meneur d'hommes qui soulève les montagnes et déborde d'énergie, et supporte de ce fait difficilement la frustration. Il laisse alors sortir sa colère et son agressivité. Il n'est pas vraiment diplomate, et s'affirme souvent dans le refus.

Dans les cas les plus désintégrés, on peut rapprocher cette caricature de la description des personnalités « sadiques » du DSM, qui se caractérisent par une prise de plaisir à faire souffrir autrui.

9. Quête d'harmonie

Oubli de soi

Une personne prisonnière du mécanisme « 9. Quête d'harmonie » a terriblement peur de se retrouver perdue ou séparée des autres ; pour ne pas risquer de rupture, elle évite à tout prix les conflits. Elle développe donc une posture de soutien et d'acceptation des autres, affirmant ainsi qu'elle est une personne calme et facile à vivre. Ce faisant, elle tombe dans un véritable oubli de soi et ne sait pas vraiment qui elle est ni ce qu'elle veut… se posant à elle-même un terrible dilemme à chaque choix. En revanche, elle sait très bien ce qu'elle ne veut pas, mais ne prend pas le risque de créer une situation conflictuelle en le disant en face et préfère un « peut-être » qui signifie en fait « non ». Elle en devient capable de ne pas tenir certaines promesses en toute bonne foi. Par exemple, pour ne pas vexer, elle peut très bien accepter deux ou trois invitations à des soirées à la même date et ne finalement se présenter à aucune, encore une fois pour ne vexer personne. L'humour est souvent l'outil qui lui permet d'éviter l'engagement, un outil non blessant et respectueux de l'autre (ce qui le distingue de l'humour de 7. Optimisme…).

Colère refoulée

Bloqué dans ses mouvements par le risque de mettre les pieds là où il ne faut pas et de déclencher un conflit, le prisonnier du « 9 » a tendance à tomber dans la paresse et à remplir son emploi du temps de tâches répétitives qui ne « risquent » pas de faire de vagues, mais n'apportent pas forcément de valeur ajoutée ni d'épanouissement personnel. Il peut dépenser dans ces activités une énergie considérable qui ne laisse pas deviner son côté paresseux. On dit qu'il « narcotise » dans l'activité : son corps agit mais son esprit est absent, rêvant peut-être qu'il est en train de ne rien faire.

Sa colère, refoulée en permanence pour ne pas faire de vagues, s'accumule peu à peu jusqu'à ce qu'arrive la goutte qui fait déborder le vase. Le responsable de cette goutte n'a pas mérité toute la colère qui se déverse alors sur lui, mais elle est en général de courte durée, le temps de vider son sac pour le remplir de nouveau lentement jusqu'à la prochaine explosion.

Médiateur des autres, ne voulant pas qu'une de ses décisions puisse initier un conflit, il a beaucoup de mal à se décider ou à dire « non ». Il écoute donc l'avis des uns et des autres afin de chercher un consensus, attentif à entendre les points de vue sans donner d'opinion. Il a tendance à être modeste et à fournir le travail attendu sans chercher à briller. Il est accommodant et facile à vivre, et sait s'adapter en toutes circonstances. Il peut avoir du mal à discerner l'important du secondaire.

On peut rapprocher les cas les plus désintégrés de cette caricature de la description des personnalités « dépendantes » du DSM, qui se caractérisent par un besoin d'être rassurées et soutenues par les autres et une crainte de la perte de lien.

La Tradition orale et les autres écoles historiques

Parmi les auditeurs de Naranjo durant les groupes SAT, on trouve notamment Bob Ochs et Helen Palmer, à l'origine de la deuxième génération de l'ennéagramme qui verra la création d'écoles dédiées à ce sujet.

Bob Ochs, jésuite de Chicago, organisera des sessions de formation qui amèneront Don Richard Riso, Katherine Hurley ou encore Richard Rohr à découvrir le sujet. Je cite ces noms parmi d'autres, car ces personnes sont fondatrices d'écoles enseignant l'ennéagramme et sont auteurs de livres sur le sujet reconnus pour leur qualité.

Helen Palmer, en Californie, contribuera fortement à la mise en place de la « Tradition orale » de l'ennéagramme, qui privilégie le dialogue et l'expérience vécue en stage par rapport aux apports théoriques. La méthode principale employée y est celle des panels. Elle consiste à regrouper des personnes qui se reconnaissent dans le même mécanisme et à les faire discuter d'une problématique donnée pour faire émerger les similitudes de fonctionnement de cette discussion et conclure par un compte rendu consensuel de ce qui a été dit. Cette pratique permet un extraordinaire effet d'amplification qui met en lumière les automatismes en œuvre dans les groupes constitués ; c'est une expérience étonnante et très enrichissante.

Toutefois, il est important qu'elle soit encadrée par un enseignant suffisamment formé, qui a bien compris que nous ne nous réduisons pas à un seul fonctionnement et que l'enjeu est bel et bien de nous libérer de nos automatismes ; sinon, une telle pratique risque d'amener les participants dans une suridentification au mécanisme dans lequel ils se sentent évoluer, pouvant même, dans les cas les plus extrêmes, conduire à exprimer une fierté particulière d'appartenir à un profil donné, résultat aux antipodes de la finalité première de l'ennéagramme.

À retenir de ce chapitre

- C'est au début des années 1970 qu'Oscar Ichazo introduit l'ennéagramme dans le cadre d'un enseignement mystique.
- Claudio Naranjo s'intéressera particulièrement à la notion de typologie des personnalités faisant partie du système et en proposera une version en phase avec l'esprit de la psychologie occidentale.
- Les neuf profils correspondent aux comportements de personnes qui ne s'autoriseraient à longueur de journée à ne faire jouer qu'un des neuf mécanismes d'interface au monde qui sont répertoriés. Un être humain ne peut se réduire à une telle caricature, mais si certains en sont loin et sont dits « intégrés », d'autres hélas s'en approchent dangereusement et sont alors dits « désintégrés ».
- Les neuf mécanismes sont : 1. Perfectionnisme, 2. Aide aux autres, 3. Quête de victoire, 4. Originalité, 5. Explication du monde, 6. Quête d'approbation, 7. Optimisme, 8. Recherche de pouvoir et 9. Quête d'harmonie.
- Après Naranjo, l'ennéagramme se propagera dans le cadre de sa deuxième génération avec des écoles issues de la mouvance de Chicago, initiée par Bob Ochs, ou de la mouvance californienne, initiée par Helen Palmer, avec en particulier la « Tradition orale » qui appuie principalement son enseignement sur le principe des panels.

CHAPITRE 2

QUELQUES TRACES DE L'ENNÉAGRAMME DANS L'HISTOIRE

Au programme

- L'enseignement de Gurdjieff
- Sénèque et les Pères du désert
- Homère et *l'Odyssée*

Gurdjieff

Enseignement

Si l'on cherche à remonter aux sources d'inspiration d'Ichazo par rapport à l'ennéagramme, tâche dans laquelle il nous aide bien peu, on tombe inévitablement sur George I. Gurdjieff (1877-1949), philosophe d'origine arménienne qui voyagea à travers le Moyen-Orient et en Inde au début du XXe siècle avant d'enseigner la spiritualité et la psychologie à Moscou et Saint-Pétersbourg. Il aurait appartenu, à l'époque de ses voyages de jeunesse, à une société dite « Chercheurs de vérité ». Quand il enseigne en Russie, il crée l'Institut pour le développement harmonique de l'homme. Il fuit la révolution bolchevique, d'abord au Caucase, puis en Turquie, avant de finir par s'installer en France et de continuer les activités de l'Institut à Fontainebleau.

Diagramme

Le diagramme de l'ennéagramme fait partie intégrante de l'enseignement de Gurdjieff dès 1916 comme représentation de l'enchaînement des processus cosmiques. En effet, le travail qu'il propose a trait à l'harmonisation des forces vitales de l'homme avec l'ordre cosmique afin que chacun accède à l'« Être ». Dans son enseignement, il fait nettement la distinction entre notre essence et notre personnalité superficielle, et propose des exercices pour sortir de nos pilotes automatiques. Il distingue aussi clairement les trois centres (dont nous parlerons plus en profondeur au chapitre 4) concernant les fondements théoriques de l'ennéagramme et la prédominance d'un centre en fonction des individus. Son enseignement est donc en très forte affinité avec l'ennéagramme moderne, mais on ne trouve aucune trace d'un rapprochement fait par Gurdjieff entre les types de personnalité et le symbole qu'il utilisait pour décrire les processus cosmiques. Ce rapprochement apparaît comme une création ultérieure d'Ichazo. Gurdjieff utilisait pour sa part le diagramme de l'ennéagramme pour modéliser des processus créateurs, et nous verrons tout l'intérêt de revenir à ces sources dans la dernière partie du prochain chapitre.

Sénèque et les Pères du désert

Les Pères du désert

Si l'on se penche à présent non plus sur le diagramme mais sur la segmentation en neuf profils qu'embarque l'ennéagramme, on ne peut qu'être frappé par les similitudes existantes avec le système développé en Égypte au IVe siècle par les Pères du désert, ascètes chrétiens à l'origine de la doctrine des sept péchés capitaux. Dans les écrits d'Évagre le Pontique, qui théorisa l'expérience spirituelle des moines du désert dans un langage inspiré de l'enseignement d'Origène, huit *logismoï* à la racine de nos comportements sont distingués. Ces logismoï sont des attitudes qui nous éloignent de nous-mêmes, de la personne que nous sommes vraiment. Grégoire le Grand ramènera le chiffre à sept sous la forme des péchés capitaux. Les huit passions énoncées sont très en phase avec les travers qu'induit l'utilisation à outrance des neuf mécanismes de l'ennéagramme. Ainsi :

- **La colère** est en phase avec 1. Perfectionnisme.
- **L'orgueil** est en phase avec 2. Aide aux autres.
- **La vaine gloire** est en phase avec 3. Quête de victoire.
- **L'acédie** (mélancolie) est en phase avec 4. Originalité.
- **L'avarice** est en phase avec 5. Explication du monde.
- **La peur** est caractéristique de 6. Quête d'approbation, ne trouve pas de correspondance dans ce système, bien qu'elle réponde parfaitement à la définition donnée de nous éloigner de nous-mêmes. Est-ce parce qu'à l'époque, l'Ancien Testament dans lequel il s'agissait de craindre Dieu n'était pas si ancien que ça… ?
- **La gourmandise** est en phase avec 7. Optimisme.
- **La luxure** est en phase avec 8. Recherche de pouvoir.
- **La paresse** est en phase avec 9. Quête d'harmonie.

Sénèque

C'est tout à fait par hasard, à la lecture de l'œuvre de Sénèque, que mon attention a été attirée par un paragraphe de son ouvrage *De la brièveté de la vie* comportant une description troublante de 9 personnalités humaines qui sont parfaitement en phase avec l'ennéagramme. C'était si troublant que je suis même allé chercher le texte latin d'origine pour vérifier la traduction ! J'y vois personnellement la preuve que cette segmentation en 9 est connue au moins depuis le Ier siècle de notre ère.

Pour vous convaincre à votre tour, je vous propose de découvrir cet extrait sous forme d'exercice.

Exercice 1

De qui parle-t-on ?

Dans l'extrait de texte ci-dessous, issu de l'ouvrage *De la brièveté de la vie* de Sénèque, tentez de voir, sans prendre en compte la partie introductive en italique, si vous pouvez rattacher chaque caractère décrit à un des neuf profils de l'ennéagramme :

Pourquoi ces plaintes contre la nature ? Elle s'est montrée si bienveillante ! Pour qui sait l'employer, la vie est assez longue.

Mais l'un est dominé par une insatiable avarice ;

l'autre s'applique laborieusement à des travaux frivoles ;

un autre se plonge dans le vin ;

un autre s'endort dans l'inertie ;

un autre nourrit une ambition toujours soumise aux jugements d'autrui ;

un autre témérairement passionné pour le négoce est poussé par l'espoir du gain sur toutes les terres, par toutes les mers ;

quelques-uns, tourmentés de l'ardeur des combats, ne sont jamais sans être occupés ou du soin de mettre les autres en péril ou de la crainte d'y tomber eux-mêmes.

On en voit qui, dévoués à d'illustres ingrats, se consument dans une servitude volontaire.

Plusieurs convoitent la fortune d'autrui ou maudissent leur destinée.

> Mon analyse personnelle m'amène à faire les associations suivantes.
>
> « Mais l'un est dominé par une insatiable avarice » : évoque les travers de 5. Explication du monde.
>
> « l'autre s'applique laborieusement à des travaux frivoles » : évoque les travers de 1. Perfectionnisme.
>
> « un autre se plonge dans le vin » : évoque les travers de 7. Optimisme.
>
> « un autre s'endort dans l'inertie » : évoque les travers de 9. Quête d'harmonie.
>
> « un autre nourrit une ambition toujours soumise aux jugements d'autrui » : évoque les travers de 6. Quête d'approbation.
>
> « un autre témérairement passionné pour le négoce est poussé par l'espoir du gain sur toutes les terres, par toutes les mers » : évoque les travers de 3. Quête de victoire.
>
> « quelques-uns, tourmentés de l'ardeur des combats, ne sont jamais sans être occupés ou du soin de mettre les autres en péril ou de la crainte d'y tomber eux-mêmes » : évoque les travers de 8. Recherche de pouvoir.

« On en voit qui, dévoués à d'illustres ingrats, se consument dans une servitude volontaire » : évoque les travers de 2. Aide aux autres.

« Plusieurs convoitent la fortune d'autrui ou maudissent leur destinée » : évoque les travers de 4. Originalité.

Homère et l'*Odyssée*

Je voudrais finir ce bref survol des éléments épars ayant à voir avec les origines de l'ennéagramme en citant l'excellent ouvrage de Michael J. Goldberg, *Travel with Odysseus*, dans lequel il défend de manière étayée la thèse selon laquelle Homère (VIIIe av. J.-C.) aurait utilisé la segmentation de l'ennéagramme pour construire ses récits de l'*Illiade* et l'*Odyssée*, construisant le premier comme une progression dans le sens des chiffres croissants et le second selon une progression décroissante. La lecture de son ouvrage permettra à ceux qui en ont la curiosité de se faire une opinion sur la question ; toutefois, je vous propose ici quelques lignes très succinctes pour que vous puissiez vous en faire une idée, en partant de l'*Odyssée* car c'est le texte le plus connu.

Ulysse fit donc un beau voyage qui l'amena successivement à rencontrer :

- **Calypso**, une nymphe qui sut soigner Ulysse et le traiter comme un dieu, lui proposant même l'immortalité à condition qu'il restât avec elle. Un vrai exemple de comportement 2. Aide aux autres…
- **Les Phéaciens**, une peuplade uniquement préoccupée de devoir et d'honneur qui accepta de ramener Ulysse chez lui parce que c'était la bonne chose à faire. Un vrai exemple de comportement 1. Perfectionnisme…
- **Les mangeurs de lotus**, les lotophages, qui se contentaient de suivre les courants chauds et à qui tout changement de direction demandait des efforts considérables et beaucoup d'attention. Un vrai exemple de comportement 9. Quête d'harmonie…

- **Les Cyclopes,** géants puissants et vengeurs dont, selon Homère, « chacun réside dans sa propre caverne, instaurant une rude justice sur sa femme et ses enfants, indifférent à ce que font les autres ». Des forces de la nature sans restriction, ne souffrant pas de honte ni de culpabilité. Un vrai exemple de comportement 8. Recherche de pouvoir…
- **Éole,** dont l'île n'avait pas de position fixe, flottant sur la mer là où le vent la poussait. Chaque jour sur l'île on faisait une fête avec de la nourriture et de la musique. Un vrai exemple de comportement 7. Optimisme…
- **Les Laestrygoniens,** qui décochèrent à Ulysse une volée de flèches quand il osa approcher leur muraille sans pourtant se montrer provocateur. Un vrai exemple de comportement 6. Quête d'approbation en mode paranoïaque…
- **Circé,** sorcière solitaire qui détenait le savoir secret dont Ulysse avait besoin pour continuer son voyage. Un vrai exemple de comportement 5. Explication du monde…
- **La descente dans l'Hadès,** monde de regret et de mélancolie, familier de ceux ayant un comportement 4. Originalité…
- **Le passage entre Charybde et Scylla,** passage difficile ne pouvant se faire que grâce à la navigation opportuniste et adaptative dont sont capables ceux ayant un comportement 3. Quête de victoire…

À retenir de ce chapitre

- **De manière évidente, Gurdjieff apparaît comme une des sources de l'ennéagramme moderne.**
- **On trouve dans un passé ancien des traces de segmentation en neuf profils qui sont en phase avec l'ennéagramme.**
- **L'ennéagramme semble donc un système aux origines très anciennes qui a su se construire au fil du temps pour devenir l'ennéagramme moderne que nous connaissons.**

CHAPITRE 3

L'ENNÉAGRAMME DE TROISIÈME GÉNÉRATION ET AU-DELÀ

Au programme

- PNL et hypnose
- Quelques exercices
- EFT et Voice Dialog
- Ennéagramme des personnalités et ennéagramme des processus

Intégration à la PNL et à l'hypnose

Complémentarités

La programmation neurolinguistique (ou PNL) est un ensemble d'outils pragmatiques élaboré par Richard Bandler et John Grinder dans les années 1970, aux États-Unis, en observant la manière de travailler intuitivement de certains thérapeutes qualifiés de « hors du commun » (en particulier Fritz Perls, Virginia Satir et Milton Erickson, qui inspira l'hypnose ericksonienne) puis en modélisant leurs stratégies de fonctionnement pour en faire des méthodes codifiées. Cette approche vise à améliorer la communication entre individus et avec soi-même. En soi, il s'agit d'une immense boîte à outils remplie de solutions qui « marchent », mais presque rien n'est codifié quant au bien-fondé d'utiliser un outil ou un autre en fonction des situations rencontrées, surtout dans une logique d'accompagnement de type thérapeutique ou coaching.

Cette technique se marie donc particulièrement bien avec l'ennéagramme, qui de son côté nous donne de belles clefs sur la structure de l'individu en face de nous. L'ennéagramme permet de décoder ce qui bloque le mouvement intérieur de la personne, et la PNL fournit les outils concrets pour résorber ces blocages. Ensemble, ils forment donc un tandem de choix, très complémentaire. Vous reconnaîtrez une école de troisième génération en ennéagramme au fait qu'elle propose un enseignement dans lequel ces deux pratiques sont intimement imbriquées et se potentialisent mutuellement.

L'hypnose consiste à plonger un sujet dans un état, tout à fait naturel et accessible à tous, dit « de transe », transe à l'intérieur de laquelle un dialogue avec l'inconscient peut être établi pour arriver à des résultats assez étonnants. Là encore, la connaissance de la structure de fonctionnement d'un individu acquise grâce au modèle de l'ennéagramme va grandement faciliter la tâche d'un hypnothérapeute, tant au niveau de la manière d'accompagner un individu vers la transe que dans le choix des métaphores, des voyages qu'on pourra lui proposer une fois en état hypnotique.

Pour illustrer mon propos, je vous propose quelques exemples de synergies avec l'ennéagramme qui montrent combien cette approche peut se révéler un guide précieux pour déployer d'autres outils d'intervention thérapeutiques.

Lien avec les métaprogrammes

La PNL modélise le cerveau sur la base de la métaphore informatique et y distingue donc des sortes d'éléments logiciels en charge de traiter l'information : les métaprogrammes. Ces métaprogrammes sont des filtres qui permettent de sélectionner une information, de la structurer, de construire des représentations, de faire des choix, etc.

Selon les contextes, les métaprogrammes utilisés peuvent varier, mais on observe fréquemment des choix récurrents qui nous renseignent sur le profil de personnalité de base d'un individu. Il existe donc un lien entre métaprogramme et ennéagramme, et on peut bien souvent établir des corrélations entre les deux approches (qui ne sont, prenons garde, que statistiques et jamais vraies à 100 % !).

Plutôt qu'un long discours, je vous propose de découvrir trois des métaprogrammes les plus classiques pour découvrir de quoi il s'agit et en profiter pour tirer des liens avec l'ennéagramme.

Relation

Exercice 2

Votre métaprogramme de relation

Sans tricher (ne regardez pas ce qui est écrit plus bas !), prenez une feuille de papier et répondez par écrit à la question :

« Quelle relation y a-t-il entre votre précédente habitation et votre habitation actuelle ? » (Pour peu que vous ayez un jour déménagé dans votre vie, ce qui est fort probable ; sinon, remplacez « habitation » par « voiture » ou tout autre chose qui a changé...)

- Si votre réponse fait appel à un langage de stabilité, soulignant les ressemblances ou ce qui n'a pas changé, vous êtes en mode « Accord ».
- Si votre réponse fait appel à un langage de rupture, soulignant ce qui a changé, allant parfois jusqu'à dire que « ça n'a rien à voir », vous êtes en mode « Désaccord ».

- Une personne en mode « Accord » recherche en priorité, dans les situations dans lesquelles elle se trouve, les similitudes, et donne du sens en regroupant ce qui est similaire. Elle a tendance à généraliser à partir de quelques exemples. Vis-à-vis de l'ennéagramme, ce mode de fonctionnement est en général adopté par les mécanismes 2. Aide aux autres et 9. Quête d'harmonie.

- Une personne en mode « Désaccord » recherche ce qui manque, souligne les différences. Les réponses aux questions sortent du cadre initial. Elle donne du sens en séparant ce qui ne va pas ensemble, et teste les généralisations. Vis-à-vis de l'ennéagramme, ce mode de fonctionnement est en général adopté par les mécanismes 1. Perfectionnisme, 4. Originalité, 6. Quête d'approbation, 7. Optimisme et 8. Recherche de pouvoir.

Motivation

Exercice 3

Votre métaprogramme de motivation

Sans tricher (ne regardez pas ce qui est écrit plus bas !), prenez une feuille de papier et répondez par écrit à la question :

« Pourquoi est-il important pour vous de lire l'ouvrage que vous tenez entre les mains ? »

- Si votre réponse parle d'obtenir quelque chose, vous êtes en mode « Aller vers ».
- Si votre réponse parle d'éviter quelque chose, vous êtes en mode « S'éloigner de ».

- Une personne en mode « Aller vers » est motivée par les objectifs, les buts à atteindre. Elle a tendance à minimiser les problèmes. Elle marche « à la carotte ». Vis-à-vis de l'ennéagramme, ce mode de fonctionnement est en général adopté par les mécanismes 2. Aide aux autres et 3. Quête de victoire.
- Une personne en mode « S'éloigner de » est motivée à éviter les problèmes, à contourner les menaces. Atteindre un objectif peut parfois être déroutant. Elle marche « au bâton ». Vis-à-vis de l'ennéagramme, ce mode de fonctionnement est en général adopté par les mécanismes 1. Perfectionnisme, 6. Quête d'approbation, 7. Optimisme, 8. Recherche de pouvoir et 9. Quête d'harmonie.

Cadre de référence

Exercice 4

Votre métaprogramme de cadre de référence

Sans tricher (ne regardez pas ce qui est écrit plus bas !), prenez une feuille de papier et répondez par écrit à la question :

« Comment savez-vous que ce que vous avez fait est bien ? »

> Si votre réponse contient les expressions « je le sais, je le sens, je sais ce que j'ai à faire… », vous êtes en mode « Référence interne ».
>
> Si votre réponse contient l'expression « mes interlocuteurs me le disent », vous êtes en mode « Référence externe ».

- Une personne en mode « Référence interne » se fait son idée par elle-même. Elle juge et décide à partir de sa propre évaluation et est difficile à diriger. Vis-à-vis de l'ennéagramme, ce mode de fonctionnement est en général adopté par les mécanismes 1. Perfectionnisme, 5. Explication du monde, 6. Quête d'approbation, 7. Optimisme et 8. Recherche de pouvoir.
- Une personne en mode « Référence externe » accorde de l'importance à l'avis des autres. Elle a des difficultés à évaluer selon ses propres critères et recherche du feed-back pour s'évaluer. Vis-à-vis de l'ennéagramme, ce mode de fonctionnement est en général adopté par les mécanismes 2. Aide aux autres, 3. Quête de victoire, 4. Originalité et 9. Quête d'harmonie.

Pour résumer

De manière synthétique, les liens proposés entre métaprogrammes et ennéagramme peuvent se reporter sur le schéma suivant :

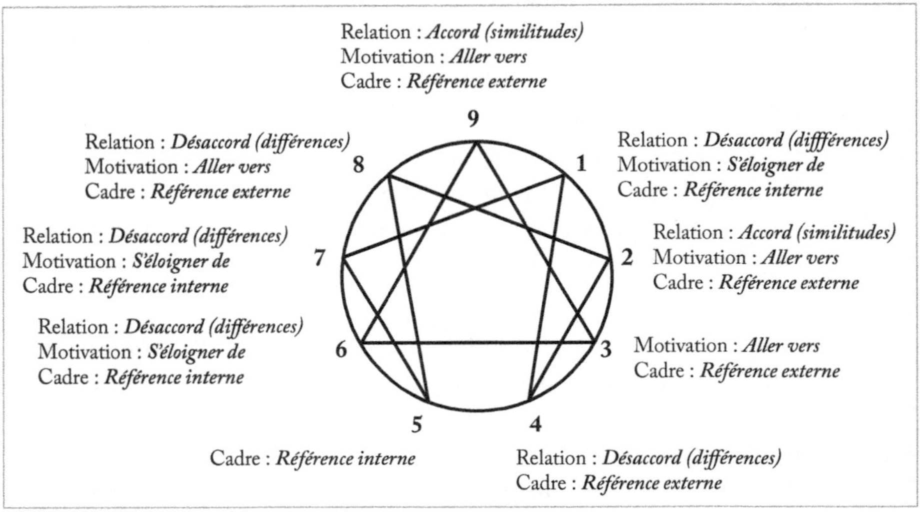

Induction de transe hypnotique

Comme nous le verrons en détail au prochain chapitre sur les fondements théoriques de l'ennéagramme, celui-ci est bâti sur le principe que chacun de nous possède trois centres de fonctionnement (instinctif, émotionnel, mental), dont un que nous privilégions. Repérer le centre qui prédomine chez le client est, pour le praticien en hypnose, une information précieuse à exploiter pour susciter l'état hypnotique.

Fonctionnement instinctif

Pour entrer dans la transe hypnotique, la personne doit se laisser aller, lâcher prise. Si son fonctionnement privilégié passe par les tripes, par l'instinctif, elle cherchera automatiquement à défendre sa frontière et se mettra en résistance par rapport à ce que vous lui proposerez. Pour l'amener en transe, il vous suffira donc de lui demander le contraire de ce que vous voulez qu'elle fasse, et, en faisant instinctivement le contraire de ce que vous demandez officiellement, elle aura tôt fait d'entrer dans un état de transe hypnotique.

Fonctionnement émotionnel

Si son fonctionnement privilégié passe par le cœur, par l'émotionnel, elle cherchera à être en lien avec vous, en relation, et à ne pas perdre ce lien. Une fois une bonne qualité de lien établie, tout bon hypnothérapeute sait se mettre, de manière contrôlée, très légèrement en transe, état dans lequel son vis-à-vis « émotionnel » l'accompagnera spontanément pour garder le lien. Le plus dur est fait, il ne reste plus qu'à approfondir la transe selon les techniques bien connues.

Fonctionnement intellectuel

Si son fonctionnement privilégie enfin la tête, le mental, vous êtes dans une partie d'échecs fasse à quelqu'un qui calcule tous vos mouvements et qui, malgré parfois un désir de se laisser aller, ne peut pas lâcher. C'est plus fort que lui, le mental doit rester le capitaine à bord et contrôler la situation. À moins que vous n'ayez le goût des bras de fer, la méthode la plus simple consiste alors à faire ce qu'on appelle de la « surcharge », c'est-à-dire à bombarder votre sujet d'informations à contrôler (sans chercher à les contrôler vous-même, sinon vous pourriez bien finir en transe le premier) jusqu'à la saturation, moment où le mental craque et où une brèche s'ouvre pour que la transe puisse s'établir, au plus grand bénéfice du sujet.

Métaphore

Une fois la transe établie, en hypnose, il n'est pas rare d'utiliser une métaphore thérapeutique, « une histoire » qui aura pour but de permettre à la personne de se sentir bien, de grandir. L'ennéagramme, par les informations précieuses qu'il donne sur le fonctionnement interne de la personne accompagnée, s'accorde alors parfaitement avec l'hypnose pour la construction de métaphores adaptées au plus juste à chaque cas rencontré.

Métamodèle du langage

Pilier de la PNL, le métamodèle est une catégorisation de formulations linguistiques particulièrement efficaces pour comprendre ou débloquer des situations. En effet, quand nous parlons, il y a d'un côté le contenu de ce qui est dit, et de l'autre sa structure. Le métamodèle du langage étudie les structures que nous utilisons pour nous exprimer et le fait que, souvent, les problèmes ne viennent pas de ce qui est dit, mais de la façon dont les choses sont dites.

Je vous propose d'explorer les structures principales en utilisant l'ennéagramme comme fil conducteur, ce qui nous montrera le lien profond qui existe entre ennéagramme et façon de dire les choses.

Centre instinctif

Le centre instinctif stocke les résultats de nos expériences ; si un contexte similaire se représente, il apporte une réponse fondée sur l'expérience acquise précédemment. Un mécanisme de généralisation des apprentissages est donc à l'œuvre, qui induit des tournures de phrases appelées **généralisations** dans lesquelles, à partir d'un échantillon de cas, on construit des règles. Quelqu'un privilégiant le centre instinctif (mécanismes 8, 9 et 1) tendra à utiliser beaucoup de ces formules dans son langage.

La PNL affine cette catégorisation et distingue en particulier :

- Les **quantificateurs universels**, grande spécialité de **8. Recherche de pouvoir**, consistant à généraliser une situation en exagérant, aboutissant à des formulations du style « Personne ne m'aime », « Tu ne m'écoutes jamais » ou encore « C'est toujours pareil ». Si de telles affirmations sont inexactes, vous aurez intérêt à exagérer l'exagération (!) pour pousser votre interlocuteur à sortir de sa vision erronée des choses.

- Les **opérateurs modaux**, grande spécialité de **1. Perfectionnisme**, qui consistent à exprimer une nécessité ou une impossibilité absolues, du style « Je dois... », « Il faut que... », « Je ne peux pas... » ou « Il n'est pas possible de... ». Si de telles affirmations sont inexactes, vous aurez intérêt à questionner sur ce qui empêche de faire la chose évoquée ou sur les conséquences de le faire tout de même, pour pousser votre interlocuteur à sortir de sa vision erronée des choses.
- L'**origine perdue**, grande spécialité de **9. Quête d'harmonie**, qui consiste à poser des affirmations dont on ignore la provenance, du style « Les Italiens aiment faire la fête ». Si de telles affirmations sont inexactes, vous aurez intérêt à questionner sur l'origine de l'affirmation (« Qui a dit ça ? ») pour pousser votre interlocuteur à sortir de sa vision erronée des choses.

Centre émotionnel

Le centre émotionnel existe dans la relation à l'autre et pose la question de l'identité : quand l'autre est là, est-ce que j'existe ou pas ? Ai-je le droit d'exister quand il est là ? Doit-il disparaître pour que je puisse exister ? Se mettent en place des mécanismes d'occultation d'une partie de la réalité conduisant à des tournures linguistiques d'**omissions** dans lesquelles une partie de l'information a disparu. Quelqu'un privilégiant le centre émotionnel (mécanismes 2, 3 et 4) tendra à utiliser beaucoup de ces formules dans son langage.

La PNL affine cette catégorisation et distingue en particulier :

- Les **omissions simples**, grande spécialité de **4. Originalité**, consistant à omettre le complément et à n'employer que la première partie de la phrase, comme dans « Je suis incapable » ou bien « Je vais résister » – on ne sait pas de quoi ni à quoi ! Si de telles affirmations sont fréquentes chez votre interlocuteur, vous aurez intérêt à le questionner sur le complément manquant afin de dissiper les malentendus et de garantir que vous parlez bien de la même chose !

- Le **manque d'index de référence**, grande spécialité de **2. Aide aux autres**, consistant à omettre le sujet ou le complément en les remplaçant par des pronoms imprécis qui n'engagent pas, comme dans « On pense que… », « Les autres se moquent de moi » ou bien « Ne fais pas ça… » – on ne sait pas qui est « on », qui sont « les autres » ou que représente « ça » ! Si de telles affirmations sont fréquentes chez votre interlocuteur, vous aurez intérêt à le questionner sur le qui ou le quoi afin de dissiper les malentendus et de garantir que vous parlez bien de la même chose !
- Les **omissions de comparatif**, grande spécialité de **3. Quête de victoire**, consistant à omettre la seconde partie d'une comparaison, comme sait si bien le faire la publicité dans « c'est moins cher » ou « c'est plus facile » – on ne sait pas par rapport à quoi ! Si de telles affirmations sont fréquentes chez votre interlocuteur, vous aurez intérêt à le questionner sur la partie manquante du comparatif afin de dissiper les malentendus et de garantir que vous parlez bien de la même chose !

Centre mental

Le centre mental cherche à expliquer le monde afin d'y trouver plus de sécurité. Il bâtit des modèles et tente d'y faire entrer la réalité, souvent au prix de **distorsions**. C'est d'ailleurs des tournures relevant des distorsions qui sont engendrées. Quelqu'un privilégiant le centre mental (mécanismes 5, 6 et 7) tendra à utiliser beaucoup de ces formules dans son langage.

La PNL affine cette catégorisation et distingue en particulier :

- Le **lien de cause à effet**, grande spécialité de **5. Explication du monde**, consistant à faire une association arbitraire d'une cause avec un effet donné, rendant prisonnier d'une loi uniquement créée par notre imagination. Ainsi, en disant « Son comportement me donne la migraine », sans s'en rendre compte, on énonce une règle de cause à effet disant que ce comportement implique une migraine et qu'il est impossible d'en sortir : c'est automatique, c'est une implication mathématique. Si de telles affirmations sont inexactes, vous aurez intérêt à questionner le lien inapproprié qu'établit votre interlocuteur pour l'aider à sortir de sa vision erronée des choses.

- L'**équivalence complexe**, grande spécialité de **7. Optimisme**, consistant à poser une analogie, une équivalence, entre deux expériences qui ne sont pas forcément irrémédiablement liées. Ainsi, en disant « Tu ne dis rien, tu n'aimes pas ma cuisine », sans s'en rendre compte, on énonce qu'à chaque fois que l'autre n'aime pas notre cuisine, il ne dit rien, et aussi qu'à chaque fois qu'il ne dit rien, c'est qu'il n'aime pas notre cuisine. Si de telles affirmations sont inexactes, vous aurez intérêt à questionner l'équivalence inappropriée qu'établit votre interlocuteur pour l'aider à sortir de sa vision erronée des choses.
- La **lecture de pensée**, grande spécialité de **6. Quête d'approbation**, consistant à prêter à l'autre un sentiment, une pensée ou un état qui ne sont que spéculation de notre part, comme dans « Je sens que ceci vous intéresse » ou « Je sais qu'il a décidé de ne pas venir ». Comment pouvons-nous savoir ce qui se passe dans la tête de l'autre ? Si de telles affirmations sont inexactes, vous aurez intérêt à attirer l'attention de votre interlocuteur sur le fait qu'il n'a pas le pouvoir de deviner ce qui se passe dans votre for intérieur pour l'aider à sortir de sa vision erronée des choses.

Ainsi l'écoute des structures de langage employées peut-elle nous donner de précieuses informations sur le mode de fonctionnement de notre interlocuteur.

Exercice 5

Que répondre ?

Pour valider votre compréhension des petites règles de cuisine que donne ce paragraphe pour sortir de difficultés de dialogue issues de problèmes de structure au niveau du métamodèle, je vous propose d'imaginer les questions que vous pourriez poser, en utilisant les conseils donnés plus haut, en entendant les phrases ci-après.

1. Il reste toujours en marge de l'équipe.
2. Jacqueline est la plus performante.
3. Je ne peux pas réussir le bac.
4. Je dois prendre soin de lui.
5. Il faut tourner sept fois sa langue dans sa bouche avant de parler.
6. On sait bien qu'il est difficile de faire des exercices chez soi.
7. Je pars.
8. Je pense qu'il ne m'apprécie pas.
9. On ne me dit jamais ce que je suis censé faire.

Quelques questions possibles en regard :

1. Vraiment toujours ? En toutes circonstances ? (quantificateur universel)
2. La plus performante en quoi ? Dans quels domaines ? (omission du comparatif)
3. Quels sont les obstacles ? (opérateurs modaux)
4. Qu'est-ce qui arriverait si tu ne le faisais pas ? (opérateurs modaux)
5. Qui a dit ça ? (origine perdue)
6. Qui est ce « on » qui le sait si bien ? (manque d'index de référence)
7. Où ? Quand ? Combien de temps ? Par quel moyen de transport ? (omission simple)
8. Qu'est-ce qui te fait penser cela ? (lecture de pensée)
9. Qui est ce « on » ? Vraiment jamais ? (manque d'index de référence et quantificateur universel dans une même phrase)

L'intégration à d'autres techniques

EFT

Fonctionnement

L'EFT (*Emotional Freedom Technique*, Technique de libération émotionnelle) est une thérapie utilisant les méridiens d'acupuncture développée par Gary Craig, un ingénieur de Stanford passionné par la psychologie, qui la pratique depuis 1991. La théorie pour expliquer les résultats obtenus avec cette technique dans des problématiques très variées, qu'elles soient d'ordre physique (douleurs physiques, maux de tête, asthme, allergies, etc.) ou psychologique (traumatismes, phobies, chagrin, colère, culpabilité, anxiété, etc.), consiste à considérer que nos émotions négatives sont la résultante de perturbations du système énergétique de notre corps et que les méridiens sont des points d'entrée pour intervenir sur ce système.

En résumé, l'EFT consiste à identifier le plus précisément possible la problématique en jeu et à la verbaliser. Une phrase est alors construite sur la base de cette verbalisation puis répétée en boucle par le sujet pour garder sa problématique à l'esprit tandis qu'on effectue avec les doigts des tapotements sur des points d'acupuncture du corps, désamorçant ainsi les émotions négatives qui entretiennent le problème.

L'EFT est généralement un processus doux qui permet des résultats sans douleur. Il arrive toutefois que, pour des problématiques lourdes, le processus soit pénible. Dans tous les cas, il convient de pratiquer ces techniques avec des professionnels qualifiés.

Avec l'ennéagramme

L'ennéagramme nous donnant une vision privilégiée de la structure du problème d'une personne, il devient naturellement une approche privilégiée pour dégager la formulation du problème la plus juste, qui permettra de faire levier et d'obtenir des résultats spectaculaires. Par exemple, si vous êtes prisonnier de 1. Perfectionnisme, il n'est pas rare qu'un travail EFT sur la formulation « Je ne supporte pas la moindre imperfection » vous permette des avancées significatives dans votre développement personnel. Autre exemple, avec 4. Originalité, on peut penser à des formulations comme « Les autres ne peuvent pas me comprendre ».

Constellations systémiques

Fonctionnement

L'approche des constellations systémiques consiste à mettre en scène dans l'espace une problématique donnée pour laisser émerger les forces cachées en œuvre dans le système étudié et rétablir les déséquilibres. Il peut s'agir de la famille, comme ce fut le cas avec l'approche initiale des constellations familiales de Bert Hellinger, mais aussi de tout système, l'entreprise comprise.

Le travail se fait en groupe. Le client choisit dans le groupe des représentants des membres du système qui entrent en jeu dans la question posée. Il les place dans l'espace de la pièce, puis il sort du champ de la constellation pour observer. De manière assez étonnante, en fonction de sa position dans l'espace par rapport aux autres, chaque participant ressent des émotions, des symptômes physiques et des opinions correspondant au membre du système qu'il est censé représenter. Grâce aux informations que chacun verbalise, l'animateur peut changer la configuration spatiale des divers éléments du système les uns par rapport aux autres en faisant se déplacer les représentants, jusqu'à ce qu'émerge, palier par palier, une configuration dans laquelle chacun se sent à sa place.

En systémique, un système est un ensemble d'éléments composants une structure, qui sont interdépendants et doivent vérifier certaines règles pour que la structure globale puisse perdurer et prospérer. En particulier, il existe trois règles fondamentales :

- le droit d'appartenance, qui précise qu'aucun élément du système ne peut en être exclu sans mettre l'ensemble en danger,
- le respect de l'ordre fonctionnel, qui demande que chaque élément du système tienne sa place et les responsabilités qui vont avec, ni plus, ni moins,
- et l'équilibre entre prendre et donner pour chaque élément du système, tout déséquilibre dans la balance entraînant des dettes qui menacent le système si elles ne sont pas « remboursées » dans le temps.

Avec l'ennéagramme

Par rapport à un travail de constellation classique dans l'espace d'une pièce, je suis régulièrement amené à proposer un travail suivant les mêmes principes, mais avec un grand diagramme d'ennéagramme tracé au sol et l'obligation pour les participants lors de leurs déplacements de toujours finir sur un des points du diagramme. En tant qu'animateur, avec une bonne connaissance des notions associées aux neuf points du diagramme, cette façon de procéder devient un extraordinaire moyen de décodage des dynamiques en jeu dans le système, fournissant énormément d'informations qu'un travail en espace libre ne donne pas, et permettant de converger beaucoup plus vite vers une solution pérenne.

Voice Dialog

Fonctionnement

Le Voice Dialog est une méthode de travail, mise au point par Hal et Sidra Stone en 1972, qui s'appuie sur le principe que la personnalité humaine n'est pas monolithique et que nous possédons à l'intérieur de nous nombre de petites personnalités, les subpersonnalités, qui forment comme un petit gouvernement intérieur. L'enjeu est de donner la parole aux bonnes subpersonnalités en fonction de la problématique rencontrée, de les faire dialoguer entre elles afin d'apaiser le climat intérieur et de favoriser le développement personnel, d'épanouir ses relations, d'améliorer sa manière de communiquer, etc.

La personne qui vous accompagne dans une session de Voice Dialog est appelée « facilitateur », car elle joue un rôle de médiatrice entre les diverses parties à l'intérieur de vous, afin que chacune puisse s'exprimer dans une approche non jugeante. Le facilitateur demande à son client d'aller à une place différente pour chacune des subpersonnalités qui prend la parole, afin de créer des ancrages dans l'espace pour chaque protagoniste intérieur et de faire un retour, à chaque changement de « voix », par une position centrale qui matérialise la place de son « ego conscient » et permet de prendre du recul face aux subpersonnalités. La session se termine quand le climat intérieur du client est apaisé.

Avec l'ennéagramme

Cette approche est particulièrement en affinité avec le modèle de l'ennéagramme. Comme je le disais plus haut, nous employons tous dans la journée les neuf stratégies d'interaction au monde, dans des proportions différentes. Nous pouvons donc travailler avec l'ennéagramme dans le paradigme du Voice Dialog en posant qu'il y a en nous neuf subpersonnalités distinctes, numérotables de 1 à 9, et avancer avec ce postulat. Dans cette optique, plus la personne est désintégrée, plus règne à l'intérieur d'elle la dictature d'une de ses subpersonnalités ; plus elle est intégrée, plus est en place à l'intérieur d'elle une démocratie participative entre les neuf subpersonnalités. Il m'arrive régulièrement d'avoir de très bons résultats en employant ce modèle combiné.

L'intégration aux processus

L'ennéagramme des processus

Concept

On l'a vu plus haut, Gurdjieff utilisait le diagramme de l'ennéagramme, mais pas pour y poser des profils de personnalité. Par « ennéagramme des processus », nous désignerons l'utilisation qu'en proposait G.I. Gurdjieff à ses élèves. Selon Ouspensky, qui rapporte ses propos au sujet de l'ennéagramme des processus dans son ouvrage *Fragments d'un enseignement inconnu* :

Un homme isolé dans le désert tracerait-il l'ennéagramme sur le sable, il y pourrait lire les lois éternelles de l'univers. Et il apprendrait chaque fois quelque chose de nouveau, quelque chose dont il ignorait tout jusqu'alors.

Il voyait en effet l'ennéagramme des processus comme un moyen de modéliser tout processus ayant une valeur ajoutée, amenant un saut qualitatif. Dans la pratique, quand on maîtrise la technique, ce système fonctionne remarquablement bien et trouve des applications concrètes dans tous les secteurs de la vie courante : mise sur le marché d'un nouveau produit, cohérence d'un scénario de roman, fonctionnement de la cuisine d'un restaurant, etc.

Fonctionnement

Il sort du cadre de cet ouvrage de vous faire une présentation exhaustive de la logique de fonctionnement de l'ennéagramme des processus ; les lecteurs ayant envie d'aller plus loin liront avec intérêt mon ouvrage *L'Ennéagramme, 9 types de personnalité pour mieux se connaître* (Eyrolles, 2010) qui va beaucoup plus loin sur ce sujet. Nous pouvons cependant en énoncer ici les grandes lignes pour que chacun comprenne bien de quoi il s'agit.

Quand on veut aller d'un point A à un point B, on peut isoler un certain nombre d'étapes intermédiaires, et en particulier identifier une phase de préparation, une phase de transformation et une phase de récolte des bénéfices apportés par le processus. Pour le dire simplement, utiliser l'ennéagramme des processus consiste à identifier deux sous-étapes de préparation qu'on placera sur les points 1 et 2 du diagramme, deux sous-étapes de transformation qu'on placera sur les points 4 et 5 du diagramme et deux sous-étapes de récolte qu'on placera sur les points 7 et 8 du diagramme. Les points 9, 3 et 6 n'entrent pas en ligne de compte et sont utilisés pour nommer le sous-processus de préparation qui occupe 1 et 2 pour le point 9, le sous-processus de transformation qui occupe 4 et 5 pour le point 3, le sous-processus de récolte qui occupe 7 et 8 pour le point 6.

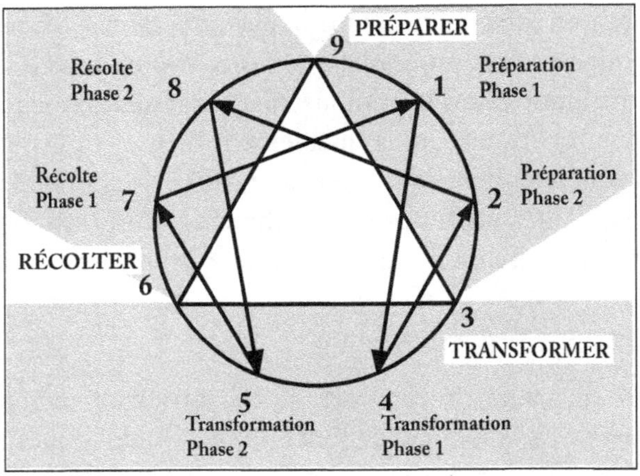

Interprétation

Une fois les notions placées sur les points, cela paraît simple et de peu d'intérêt au premier abord, mais il n'en est rien. Un certain savoir-faire, qui s'apprend, est nécessaire pour placer les bonnes notions sur les divers points afin que le tout « fonctionne ». En effet, l'ennéagramme des processus trouve tout son intérêt dans l'existence des flèches internes au diagramme. D'un point de vue cybernétique, on peut voir ces flèches comme des boucles de rétroaction. Sur un point donné, pour garantir que le processus se passe bien et qu'on ne sera pas obligé de revenir sur cette étape, on a besoin d'une information qui nous est donnée par une autre étape, celle qui nous « envoie une flèche » sur laquelle transite l'information. Par exemple, une étape au point 4 a besoin de données générées au point 1, une étape du point 2 d'informations venant de l'étape du point 4, etc. On se rend dès lors compte qu'un ennéagramme des processus bien construit est comme une horloge de précision dans laquelle toutes les étapes sont reliées entre elles et communiquent, garantissant ainsi le résultat et le fait qu'on ne tourne pas en rond !

Pour bien saisir l'intérêt de ce modèle, je vous propose à présent un exemple concret.

L'accompagnement vu comme un processus

Illustrons l'utilisation de l'ennéagramme des processus pour modéliser le processus d'accompagnement. Dans une démarche de relation d'aide (thérapie) ou d'accompagnement (coaching), on peut ainsi plus facilement accéder à une compréhension des freins qui empêchent un changement désiré par celui qui est accompagné.

Trois étapes

Pour être pleinement efficace, cette compréhension doit s'appuyer sur une visibilité claire quant au stade dans lequel se trouve la personne « en changement ». Pour cela, nous proposons le découpage en étapes :

- Dans un premier temps, il s'agit de faire l'état des lieux : dans quel état ou situation suis-je actuellement et vers quel état ou situation est-ce que je veux aller ?
- Dans un deuxième temps, il s'agit d'aller d'un état stabilisé pour le bien de l'individu, même s'il peut avoir l'impression que ce n'est pas confortable (on parle alors d'écologie personnelle, en ce sens qu'il y a toujours un bénéfice secondaire à tout comportement et que le risque de perdre ce bénéfice est un frein puissant au changement), vers un nouvel état qui ne remet pas en cause des éléments de stabilité fondamentaux.
- Dans un troisième temps, il s'agit d'arrêter les ajustements pour pouvoir constater que le nouvel état est satisfaisant, afin de pouvoir en jouir.

Ces étapes marquent un ennéagramme de processus qui peut se représenter ainsi :

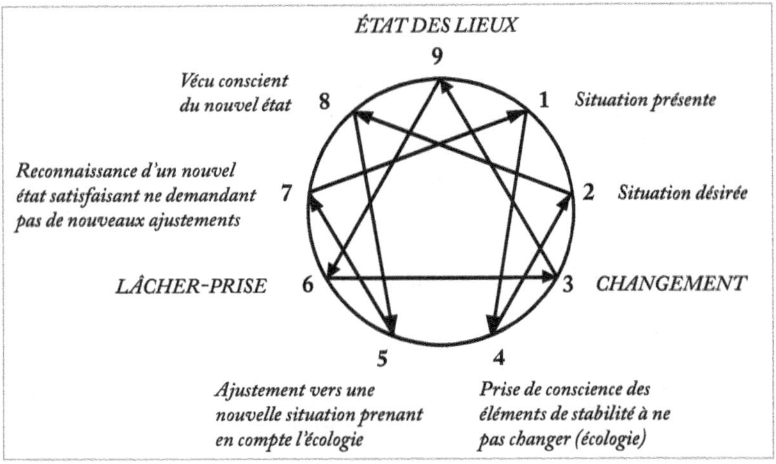

Déroulement

La connaissance de ce diagramme permet d'ajuster une intervention d'accompagnement. Au début, il est question de faire le point sur la situation présente du candidat au changement (anamnèse). Ce peut être l'occasion de porter un premier coup de projecteur sur les bénéfices secondaires de cette situation (flèche 1-4).

On explore ensuite la nouvelle situation désirée à la place en se connectant à la perspective de vivre ce nouvel état (flèche 2-8).

On peut alors dégager pleinement les éléments de l'ordre de l'écologie personnelle, de nature à remettre en cause certains aspects de la nouvelle situation désirée (flèche 4-2), et procéder à des ajustements (on boucle entre les points 2 et 4).

Cela fait, il s'agit d'accompagner les ajustements respectant l'écologie personnelle en éliminant les freins existants (4 vers 5, avec des oscillations). La perspective de vivre un nouvel état donne l'énergie qui pousse à faire les efforts nécessaires pour briser l'inertie dans la transition entre les points 4 et 5 (flèche 8-5).

Vient un moment où le rôle de l'accompagnant est d'aider la personne à accepter qu'il n'y a plus rien à faire, que le résultat est satisfaisant tel quel (lâcher-prise en 6) et à reconnaître que le nouvel état est bien installé et n'est pas une vue de l'esprit (flèche 5-7). Il n'est pas rare qu'on change sans s'en rendre compte. Il est alors bon qu'un œil extérieur en soit le témoin et nous le fasse constater.

La reconnaissance d'un nouvel état en phase avec les attentes sera déclencheur de changements dans la situation de l'intéressé (flèche 7-1), agissant comme un levier.

L'approche envolutive

Complémentarité

Quand j'ai découvert l'ennéagramme des personnalités d'une part et l'ennéagramme des processus de l'autre, j'ai été interpellé par la complémentarité de ces deux utilisations du diagramme, et frustré de ne pas trouver de lien officiellement établi entre les deux approches. J'ai donc cherché à établir ce lien, jusqu'à dégager un processus particulier qui, si on se « bloque » sur une étape donnée, génère à cette étape exactement les comportements du profil de personnalité qu'on associe à ce même numéro. Ce faisant, j'ai revisité l'ennéagramme de troisième génération dans une vision dynamique du système, le processus y prenant une importance capitale, pour créer l'approche que j'enseigne dans le cadre de l'ennéagramme envolutif. La différence est comparable à celle existant entre le cinéma classique et le cinéma en relief (3D). L'ennéagramme retrouve enfin toutes ses dimensions et on ne peut plus le manipuler comme un système statique.

Il sort totalement du cadre de cet ouvrage de découverte de décrire tout le potentiel qu'offre cette « pensée en processus », mais nous pouvons brièvement poser le processus qui fait le lien entre les deux utilisations de l'ennéagramme pour aider chacun à entrevoir les potentiels qu'il ouvre.

Manifestation de la conscience

Le processus étudié est celui de la manifestation de la conscience. Au début, l'enjeu est de se manifester. Cela demande de nous définir par ce qui nous rend nous-mêmes, singulier. On parlera donc au point 1 de conditions initiales (ADN, milieu d'origine…) qui sont prises en compte dans la fabrication du corps qui pose notre manifestation. Avec le corps, le centre instinctif est construit.

Une fois ce centre instinctif présent, l'enjeu est d'accéder à la conscience. Cela commencera par la prise de conscience de la relation à l'autre, et le centre émotionnel sera construit dans ce but. Ensuite, il s'agira de porter un regard sur soi-même, devenir conscient que l'on est conscient, faire émerger la conscience réflexive, et c'est le centre mental qui sera mis en place pour parvenir à ce but.

Le processus n'en est pas pour autant achevé : il manque la « récolte » avec l'accès au sens. Être conscient que l'on est conscient, c'est bien, mais laissé tel quel, cela n'a pas de sens. C'est d'ailleurs la difficulté face à laquelle se trouve l'humanité. Elle a développé son centre mental, mais du point de vue de ce même centre mental, il y a une impression d'impasse. À quoi bon ? Ce malaise existentiel trouve son origine dans une peur de l'inconnu, une peur de faire la « récolte » qui doit nous ramener à l'unité de nous-mêmes. Or, l'accès au sens ne peut se faire que par une reconnexion aux informations « essentielles », c'est-à-dire de l'ordre de notre Essence, et il s'agit là de choses qui dépassent le centre mental, lequel n'a alors d'autre issue que de lâcher prise. Le défi qui se pose aujourd'hui à l'humanité est celui de remettre le centre mental à sa place, comme élément indispensable dans la construction de la conscience, mais pas comme aboutissement. Cette reconnexion à cet « essentiel » sera rendue possible par la mise en place d'un centre intuitif nous permettant d'accéder à des informations qui dépassent le mental logique. La route est dès lors ouverte pour entrer totalement dans notre présence et notre plein rayonnement.

Je laisserai chacun s'il le souhaite tirer de riches enseignements de la signification qu'on peut donner aux différentes flèches dans ce diagramme particulier.

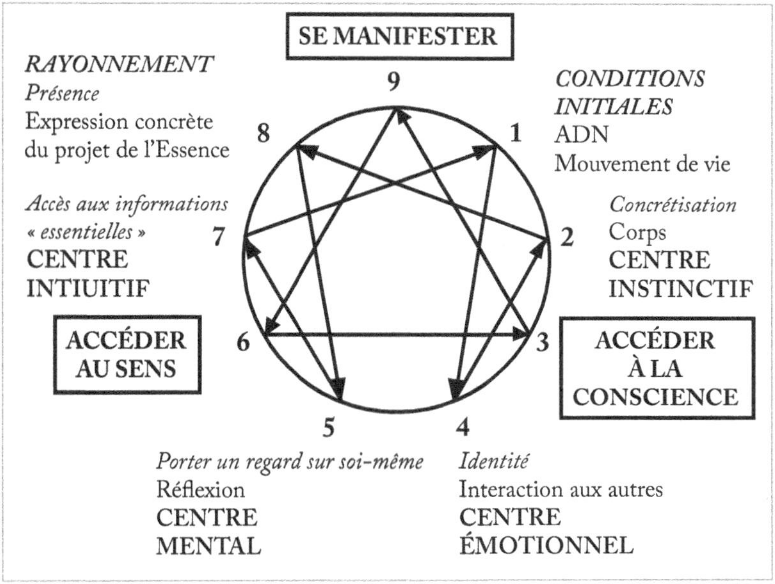

Défauts de fluidité

Si, à l'une quelconque des étapes de ce processus, nous mettons une énergie toute particulière à faire en sorte que les choses se passent bien, nous générons des défauts de fluidité dans le processus dont les conséquences sont les suivantes.

Point 9

Au **point 9**, il est question de se manifester, de se poser face au monde. L'individu qui se focalise sur la difficulté potentielle à vivre cette étape n'osera pas aller de l'avant et exister réellement. Il tend à rester dans un état fusionnel dans lequel il évite d'être vraiment là. L'important est de maintenir un environnement invariable, sans vagues. Du coup, il développe une attitude de soutien et d'acceptation en utilisant le mécanisme **9. Quête d'harmonie**. Son attitude est marquée par un oubli de soi et une tendance à vouloir, en toutes circonstances, éviter les conflits. Corollaire : il peut être facilement porté à l'inertie ou à la paresse. Le défi pour ces personnes est d'oser se manifester, d'oser se poser face au monde, avec toute la dimension conflictuelle que cela peut revêtir.

Point 1

Au **point 1**, il est question des éléments de départ qui vont conditionner l'ensemble du déroulement du cycle. Le moindre défaut à ce niveau va avoir des conséquences lourdes sur la suite du processus. En se focalisant sur la difficulté potentielle de cette étape, on entre dans un souci de tout faire le plus parfaitement possible, utilisant pour cela **1. Perfectionnisme**. La rigueur personnelle devient une priorité, entraînant une orientation vers des idéaux élevés. La vie ne se pliant jamais aux attentes de perfection des personnes « fixées » dans cette identification, l'impatience puis la colère sont souvent au rendez-vous. Mais éprouver de la colère est loin d'être parfait, aussi convient-il d'essayer à tout prix de l'éviter, ce qui donne, vu de l'extérieur, des attitudes caractéristiques d'agacement contenu. Le défi pour ces personnes est d'accepter que la perfection consiste à faire de son mieux avec les contraintes de la réalité, et non pas à s'attacher à ce qui aurait dû être mieux et différent dans un monde non soumis aux contingences matérielles.

Point 2

Au **point 2**, il est question de mettre en place la structure qui servira de support à la suite du processus. En se focalisant sur la difficulté potentielle à offrir ce support, on provoque une attitude marquée par un fort souci d'aider les autres, de leur apporter ce dont ils ont besoin, grâce au mécanisme **2. Aide aux autres**. La raison d'être de ces comportements est en fait de recevoir en retour une validation pour ce qui est accompli, des remerciements. C'est un terreau favorable pour le développement d'un certain orgueil sous-jacent et d'une attitude face à l'autre qui peut être soit flatteuse, soit dans un complet dédain si la cause (c'est-à-dire l'espoir d'un « retour » pour ce qui est accompli) est perdue d'avance. Pour supporter cette attitude, les personnes « fixées » sur cette étape du processus auront tendance à éviter de reconnaître leurs propres besoins, ce qui leur permettra du coup d'être pleinement orientées vers les autres. Leur défi est donc d'entrer en contact avec leurs propres besoins.

Point 3

Au **point 3**, il est question d'accéder à la conscience d'être. Si l'on se focalise sur la difficulté potentielle associée à cet objectif, il se crée une confusion entre les notions d'« être » et de « faire ». S'ensuit une fuite en avant, à *faire* toujours plus de choses afin de pouvoir *être* plus, fuite sans fin et sans espoir, en relevant les défis par l'utilisation du mécanisme **3. Quête de victoire**. Dans cette dynamique, l'échec devient la pire des choses, car il s'agit alors non pas d'un échec de ce qu'on a fait, mais, du fait de la confusion, d'un échec de ce que l'on est ! Les personnes « fixées » sur cette étape du processus seront du coup confrontées à la question du mensonge : mensonge sur des échecs qui doivent se transformer en quelque chose d'acceptable, mensonge à soi-même sur qui on est vraiment. Au final, on risque d'aboutir à des comportements chargés de vanité qui éloignent de soi. Le défi pour ces personnes est d'arriver à entrer en contact avec elles-mêmes.

Point 4

Au **point 4**, il est question de mettre en place le centre émotionnel, et donc de construire une capacité à éprouver des émotions. En se focalisant sur une difficulté potentielle associée à cette étape, l'individu va se structurer autour d'une capacité à vivre fortement les émotions. Les personnes « fixées » sur cette étape seront donc fières de leur sensibilité, de la richesse de leur univers intérieur qui fait d'elles les tenants de **4. Originalité**. L'objectif deviendra alors en effet de se démarquer, d'éviter à tout prix la banalité afin de pouvoir exprimer son originalité, sa différence. En cela, ce que l'autre est peut devenir générateur d'envie, ce qui est le travers associé à cette façon d'être. Il s'agit de prouver que le centre émotionnel est bien présent et fonctionne. Du coup, ces personnes sont soumises à une tempête émotionnelle intérieure quasi permanente. Elles ne se sentent exister que dans les extrêmes. Le défi est alors de devenir capable d'apprécier la beauté et la puissance qu'il y a dans les choses simples.

Point 5

Au **point 5**, il est question de mettre en place le centre mental, dont la caractéristique est de vouloir prévoir, comprendre, expliquer le monde. En se fixant sur cette étape, on entre alors dans une attitude qui vise à *ex*pliquer le monde, au détriment de s'y *im*pliquer, comme le permet le mécanisme **5. Explication du monde**. L'information devient précieuse, car la détenir entre en résonance avec le sentiment d'identité. Devoir la céder, c'est perdre un peu de soi, se « vider ». Aussi les comportements sont-ils souvent marqués par l'avarice, pas forcément une avarice financière, mais une avarice de soi : on s'isole, on reste dans sa tour d'ivoire, on évite les moments de partage trop impliquants. Cette isolation est aussi une distanciation prise avec sa composante émotionnelle. Le défi des personnes « fixées » à cette étape est de recontacter pleinement leur composante émotionnelle.

Point 6

Au **point 6**, pour pouvoir accéder au sens, le défi est celui d'un lâcher-prise du mental, le défi de « faire confiance ». En se focalisant sur la problématique de cette étape, on génère une forte peur de l'inconnu et une aspiration à tout pouvoir contrôler. Les personnes fixées ici développent une peur d'être incapable de se débrouiller seules. Le groupe devient alors la seule planche de salut, et il convient d'être accepté par lui en évitant tout comportement qui pourrait provoquer l'expulsion, car une exclusion signifierait devoir s'en sortir seul. Se développe donc une forte tendance à la loyauté, au sens du devoir. Le mécanisme qui se met en place est donc naturellement **6. Quête d'approbation**. Dans ce groupe auquel on est loyal, il faut rester vigilant pour ne pas être pris par surprise. Le développement d'attitudes de suspicion et de doute quant aux intentions réelles des autres n'est pas rare. Le défi des personnes fixées à cette étape est d'apprendre à faire confiance, à lâcher prise.

Point 7

Au **point 7**, il est question d'accéder à une information essentielle grâce à l'intuition. En se focalisant sur une difficulté potentielle à vivre cette étape, on aura tendance à utiliser le mental pour pallier une déficience hypothétique de l'intuition. Du coup le mental s'emballe, l'imaginaire galope, et on crée un monde d'options et de possibles d'ordre purement mental afin de garantir de ne pas rater le chemin vers lequel devrait naturellement nous guider l'intuition. Rater ce chemin, ce serait rater le sens, et rater le sens, c'est la souffrance suprême qu'il convient d'éviter à tout prix. En conséquence, une attitude réactive fondée sur la recherche du plaisir se met en place en s'appuyant sur le mécanisme **7. Optimisme**, qui met à l'écart le négatif. L'attitude est en général celle qui consiste à toucher à tout, mais à ne jamais y rester très longtemps pour éviter de se faire rattraper par quelque chose de désagréable. Le défi est donc ici d'aller dans la profondeur des choses.

Point 8

Au **point 8** enfin, il est question de rayonner pleinement, dans la présence. En se focalisant sur une difficulté potentielle à vivre cette étape, les personnes fixées ici auront tendance à vouloir rayonner à tout prix, à faire en sorte qu'aucune faiblesse ne puisse laisser occulter leur présence. Il y a donc une tendance à trop en faire, dans l'excès, pour assurer sa place en montrant sa puissance et son courage. La meilleure façon de rayonner devient alors d'utiliser le mécanisme **8. Recherche de pouvoir** pour passer en tête et que les autres suivent. Et pour cela, il est besoin de trancher, d'être franc et sans demi-mesure. Le défi de ces personnes est l'acceptation de leur propre faiblesse.

On dégage donc bien neuf profils caractéristiques, correspondant à neuf points possibles de « surinvestissement » dans le processus de manifestation de la conscience.

À retenir de ce chapitre

- L'ennéagramme nous propose de puissantes clefs de décodage du fonctionnement humain. En le couplant à des outils qui proposent des techniques pragmatiques d'intervention sans forcément proposer de modèles de structures très évolués, on potentialise chacun avec l'autre pour des résultats efficaces et rapides.
- L'ennéagramme se marie particulièrement bien avec la PNL et l'hypnose.
- Il permet aussi une efficacité accrue dans des techniques comme l'EFT, les constellations systémiques ou le Voice Dialog.
- Le diagramme de l'ennéagramme peut aussi être utilisé pour marquer les étapes d'un processus intelligent qui ne tourne pas en rond. On parle alors d'ennéagramme des processus.
- En couplant ennéagramme des personnalités et ennéagramme des processus, on redonne toute sa dynamique à l'ennéagramme, on lui offre une troisième dimension qui démultiplie son efficacité d'utilisation.

PARTIE 2

LES FONDEMENTS THÉORIQUES

Les mécanismes que décrit l'ennéagramme reposent sur un modèle solide et rationnel fondé sur la tripartition du cerveau.

De par ses origines, l'ennéagramme peut aussi être compris comme la conséquence de la perte de contact avec des notions fondamentales sur le chemin de la vraie rencontre de soi.

L'ennéagramme nous parlant de la nécessité de ne laisser de côté aucune partie de nous-mêmes, il est important de savoir aussi l'aborder à travers les ressentis corporels qui y sont liés.

Au-delà des origines et des évolutions de l'ennéagramme que nous avons abordées dans la partie précédente, il est bon de se poser la question des fondements théoriques qui posent le modèle, afin d'accéder à une plus grande subtilité dans la compréhension de nos fonctionnements et de ceux des autres. L'ennéagramme posant l'existence à l'intérieur de nous de trois centres (mental, émotionnel, instinctif), il existe donc trois voies complémentaires permettant chacune d'appréhender partiellement la richesse du système. C'est en empruntant tour à tour ces trois voies qu'on peut vraiment saisir l'essence de l'ennéagramme. La première, c'est la voie mentale, voie de la compréhension, pour laquelle nous poserons un modèle théorique solide et étayé pour construire les affirmations que pose l'ennéagramme. La deuxième, voie du cœur, peut être explorée à travers l'approche spirituelle que proposent certains de l'ennéagramme. La troisième, voie du corps, s'intègre par le biais de techniques faisant naître en nous des ressentis, comme des danses particulières.

CHAPITRE 4

APPROCHE MENTALE : LA THÉORIE DES CENTRES

Au programme

- Trois centres, neuf stratégies d'interaction au monde
- Test : vos modes de fonctionnement privilégiés
- Ailes, flèches et sous-types

Trois centres, neuf stratégies d'interaction au monde

Trois centres, trois missions

Le cerveau triunique

C'est en 1962 que MacLean pose la théorie du cerveau triunique. Du fait de l'évolution des espèces sur la Terre, nous possédons trois cerveaux empilés les uns sur les autres et formant un tout. Au plus profond, un cerveau reptilien gère nos comportements instinctifs, mode de fonctionnement privilégié de nos ancêtres à sang-froid. Au-dessus, les mammifères ont développé le système limbique, dit souvent « cerveau des émotions », et, enfin, au plus près de la surface, se trouve la structure la plus récente, le néocortex, auquel est associé le développement des fonctions mentales supérieures dont est capable l'être humain (langage, anticipation, etc.).

Sur un principe similaire, l'ennéagramme va nous proposer de distinguer trois « centres » à l'intérieur de nous, chacun ayant sa fonction particulière complémentaire à celle des autres.

Le centre instinctif

En premier lieu, un centre instinctif. Sa fonction est d'assurer notre sécurité et notre survie. Au plus inconscient de nous-même, il s'assure que nous soulevons régulièrement la poitrine pour respirer sans y penser. Face aux situations de la vie quotidienne, il réactive des réflexes conditionnés acquis lors d'expériences passées (ce centre a donc un lien privilégié au passé). Il gère la coordination physique et mobilise l'énergie nécessaire pour se mettre en mouvement. Comme tel, il a un rapport particulier avec la notion de colère, mais pas forcément la colère telle qu'on a l'habitude de la juger moralement, plutôt cette impulsion qui part du ventre quand on pratique des arts martiaux et qui peut être assimilée à un jaillissement d'énergie.

Le centre émotionnel

En deuxième lieu, un centre émotionnel. Sa fonction est de gérer la relation aux autres en tant qu'êtres, et non objets. Chez le reptile, dans l'esprit (cela n'est pas le cas pour toutes les espèces), le petit sort d'un œuf et se trouve dès le départ seul au monde, monde d'objets : un rocher pour prendre appui, une mouche pour se nourrir. Chez le mammifère, si le petit n'a pas le lait de sa mère, il ne survivra pas. L'« autre » existe de fait parce que j'en ai besoin pour survivre. On passe à la nécessité d'introduire l'altérité et on se pose la question de l'identité face à l'autre : « Qui suis-je ? » Ce centre gère nos émotions, notre « cœur » dans la métaphore populaire, et fonctionne donc dans l'instant présent, car rien n'est plus changeant et fugace qu'une émotion.

Le centre mental

En troisième lieu, un centre mental. Il nous permet de penser, de réfléchir. En créant des représentations cohérentes du monde dans lequel nous sommes plongés, par l'analyse logique, par le raisonnement, il nous rassure en prévoyant, en planifiant, face à un futur toujours incertain qui génère la peur. Si je comprends le monde, j'ai moins peur.

Attitudes stéréotypées

Chacun des trois centres désignés a donc sa fonction, sa raison d'être, et face aux événements de la vie, l'un d'entre eux sera le partenaire idéal pour y répondre soit seul, soit de concert avec un autre centre dans les situations les plus complexes. N'oubliez pas d'activer votre centre mental avant de jouer à un jeu de stratégie et votre centre instinctif avant de monter à vélo, sinon, gare aux résultats.

Mais s'il est une situation idéale qui consisterait à faire jouer chaque centre en nous au moment où il est le plus adapté, dans la réalité, nous avons des préférences qui biaisent nos choix et entraînent des fonctionnements plus ou moins stéréotypés. Nous avons un centre préféré (ne dit-on pas de certains qu'ils sont trop « dans leur tête » ou trop « physiques », par exemple ?) et par voie de conséquence il y a une hiérarchie des centres, qui fait de l'un d'eux la dernière roue de la charrette. Cela ne veut pas dire que la personne concernée est médiocre ou mauvaise dans ce secteur de sa vie, c'est simplement un fonctionnement qui ne sera, chez elle, pas sollicité en priorité. On s'accorde souvent à penser que Napoléon Ier avait une prédilection pour l'instinctif, ce qui ne l'empêchait pas de dicter plusieurs lettres simultanément grâce à la puissance de son mental…

La principale conséquence de cette préférence, c'est qu'en situation de stress, nous nous rabattons de manière spontanée, sans même nous en rendre compte, vers ce que nous préférons. Or, ce n'est parfois pas la meilleure stratégie, et elle crée des attitudes stéréotypées qui nous renvoient finalement, on va le voir, aux neuf mécanismes dégagés par l'ennéagramme.

Exercice 6

Évaluez vos préférences de centre

Prenez une feuille et un stylo. Faites deux colonnes :

– dans la première, notez toutes les choses qui vous font traîner les pieds, qui semblent vampiriser votre énergie.

– dans la seconde, notez toutes les choses qui vous ressourcent, qui vous sont faciles et spontanées.

- Évaluez en quoi la liste de ce qui vous ressource renvoie à l'utilisation privilégiée d'un centre. On peut supposer qu'une facilité à plonger dans la lecture renvoie probablement à un plaisir de partir dans son mental, et un besoin permanent d'être en action et dans le mouvement à une présence forte du centre instinctif, par exemple...
- De même, évaluez en quoi ce qui draine votre énergie pourrait être en rapport avec votre centre le moins volontiers utilisé.
- Si votre mental est privilégié, vous aurez tendance à prendre du recul face aux situations mais connaîtrez plus facilement la peur de l'inconnu et le « doute ».
- Si l'émotionnel est privilégié, le contact à l'autre sera caractéristique de la personne. Et la question « qui suis-je ? » sera toujours posée en filigrane.
- Si l'instinct est privilégié, la capacité d'agir vite et efficacement sera au rendez-vous ainsi qu'une difficulté à gérer la patience, une tendance à se mettre facilement en colère.

Des émotions parasites à prendre en compte

Selon le centre privilégié, l'individu se retrouve confronté avec la problématique associée au centre choisi pour réagir à l'environnement en y apportant une réponse. Si l'instinctif est aux commandes à un moment donné, la colère est de la partie ; si l'émotionnel pilote, la question existentielle « qui suis-je ? » est posée et génère un climat dépressif (en opposition à l'instinctif qui, lui, génère une surpression) et, si c'est le mental, c'est la peur qui est en filigrane.

La question devient alors de gérer cette émotion parasite (peur, colère, tristesse) pour que le centre concerné puisse faire son travail.

À cela, trois solutions peuvent être apportées :

- tenter de la gérer, de la garder sous contrôle ;
- la nier, la refouler, faire comme si elle n'était pas là ;
- laisser exister et s'exprimer l'émotion en question.

Ces trois stratégies, en regard des trois centres que l'on peut utiliser pour réagir face à une question qui nous est soumise par l'environnement, nous donnent donc 3 × 3 = 9 stratégies d'action possibles, qui sont les neuf mécanismes de l'ennéagramme tels que nous les avons déjà énumérés dans la première partie de cet ouvrage.

Neuf stratégies de réponse à l'environnement

L'instinctif

Si la réponse est donnée avec une priorité accordée à l'instinctif, on peut trouver trois attitudes vis-à-vis de la colère qui est portée par le centre.

La première consiste à vouloir contrôler cette colère. Il s'agit de survivre sans se laisser emporter par l'élan expansif de la colère. On va donc chercher à faire au plus juste, le plus parfaitement possible, et à réprimer la colère qui point, créant les attitudes de formation réactionnelle typiques du mécanisme **1. Perfectionnisme** tel qu'on l'a longuement évoqué dans la partie précédente.

La deuxième consiste à refouler la colère, à ne surtout pas la laisser exister, et du coup à adopter des comportements « profil bas » d'évitement des conflits qui seront générateurs du mécanisme **9. Quête d'harmonie**.

La troisième consiste à laisser exister cette colère, impressionnant ainsi l'entourage grâce à cette énergie expansive et conquérante qui s'exprime librement. Nous sommes alors dans les attitudes typiques du mécanisme **8. Recherche de pouvoir**.

L'émotionnel

Si la réponse est donnée à présent avec une priorité accordée à l'émotionnel, vis-à-vis de l'état dépressif créé par la question existentielle que pose la présence de l'autre, on peut là aussi choisir parmi trois attitudes.

La première consistera à vouloir contrôler cette dépression en fuyant dans l'activité, en ayant toujours des objectifs pour remplir le vide, générant par là les comportements du mécanisme **3. Quête de victoire**.

La deuxième possibilité est de refouler la dépression dans l'optimisme et dans l'inflation de soi, dans l'orgueil, dans la construction de cette image avec laquelle je suis assez haut pour pouvoir faire quelque chose pour l'autre qui est plus bas que moi, générant le mécanisme **2. Aide aux autres**.

Enfin, la troisième solution est de laisser exister ce climat dépressif pour s'en nourrir et créer un sentiment existentiel à partir de là, générant ce ressenti d'être différent, pas comme les autres, incompris, dans le cadre du mécanisme **4. Originalité**.

Le mental

Si la réponse est donnée enfin avec une priorité au mental, vis-à-vis de la peur et des doutes qui accompagnent inexorablement le mental, les trois attitudes peuvent également être déployées.

La première consistera à vouloir contrôler la peur en faisant disparaître les zones de flou, donc en cherchant à se construire un modèle complet de la situation rencontrée, à tout comprendre. Nous tombons sur les éléments caractéristiques de la stratégie **5. Explication du monde**.

La deuxième sera de refouler la peur en partant en quête de stimulation et de plaisir, « positivant » la vie à la manière du mécanisme **7. Optimisme**.

Enfin, la troisième est de laisser exister la peur, ce qui nécessitera de s'appuyer sur les autres pour se rassurer et ne pas se noyer dans ses doutes et ses ambivalences, créant le mécanisme **6. Quête d'approbation**.

Pour résumer

Les neuf stratégies d'adaptation au monde de l'ennéagramme peuvent donc être entièrement construites à partir de la théorie des centres selon la logique résumée dans le tableau ci-dessous.

Structure de fonctionnement des neuf mécanismes de l'ennéagramme

	Gérer l'émotion associée	Refouler l'émotion associée	Laisser agir l'émotion associée
Centre instinctif (colère)	1. Perfectionnisme	9. Quête d'harmonie	8. Recherche de pouvoir
Centre émotionnel (tristesse)	3. Quête de victoire	2. Aide aux autres	4. Originalité
Centre mental (peur)	5. Explication du monde	7. Optimisme	6. Quête d'approbation

Test : vos modes de fonctionnement privilégiés

Le principe trop souvent répandu qui consiste à assimiler le mode de fonctionnement d'un être humain à un seul « chiffre » dans l'ennéagramme est extrêmement réducteur. En fait, nous avons tous à notre disposition les neuf mécanismes, même si certains sont rarement employés, et il peut être dangereux de n'énoncer que le mécanisme que la personne mobilise le plus clair de son temps. Aussi tout test sérieux se doit-il de donner une répartition des neuf scores dont la somme fait 100 % et qui expriment vraiment le « profil » unique de la personne, toujours dominé il est vrai par le score arrivant en tête.

Je vous propose à présent de faire un test d'évaluation. Il consiste, pour chacun des neuf mécanismes, à cocher les affirmations qui vous interpellent le plus parmi les dix proposées. À la fin, vous aurez neuf scores que vous pourrez facilement ramener à des pourcentages en vous remémorant vos notions élémentaires de mathématiques.

Plutôt que de longs discours, voici le test !

Mécanisme 1

Perfectionnisme

Cochez les cases correspondant à des comportements qui vous interpellent et faites la somme sur 10.

- ☒ Je ne suis jamais totalement satisfait de mes résultats car ils restent toujours perfectibles.
- ☒ J'ai du mal à m'amuser tant que le travail n'est pas terminé.
- ❑ Face à quelqu'un qui réfléchit trop longtemps, je prends l'initiative et agis, c'est plus fort que moi.
- ☒ Je m'implique dans ce que je fais et je travaille dur, consciencieusement, avec sérieux, de manière ordonnée.
- ❑ Je peux me montrer critique et inflexible, et j'ai tendance à juger les autres, comme moi-même. J'ai d'ailleurs une petite voix intérieure qui critique en permanence. Du coup, je suis très sensible au jugement d'autrui, pouvant manifester un comportement très différent selon que je suis dans une situation dans laquelle on pourrait me juger ou non.
- ☒ En couple, je cherche à obtenir une relation aussi parfaite que possible et attends que mon partenaire se conforme à une image idéale. Mes propres imperfections m'angoissent et je suis en quête de l'action juste qui à chaque instant fera de moi le partenaire idéal.
- ☒ « Il faut » ou « on doit » sont des expressions que j'emploie fréquemment.
- ☒ Je suis souvent en colère contre moi-même.
- ☒ Je veux être quelqu'un de bien, de moral, de juste. Dans cette optique, je contrôle mes désirs et émotions, justifiant ma colère si par malheur elle s'exprime.
- ☒ Je manque de tolérance et ressens rapidement une forte colère intérieure si les autres n'agissent pas comme ils le devraient. Je tente de la contenir, mais elle s'exprime dans mes attitudes et mimiques (serrements de mâchoires, air exaspéré…).

Faites le compte de vos croix. Score 1 = 8 / 10

Mécanisme 2

Aide aux autres

Cochez les cases correspondant à des comportements qui vous interpellent et faites la somme sur 10.

❑ Je suis serviable et chaleureux. Je veux aider les autres (aide directe, conseils, informations, utilisation de mon réseau relationnel) et souffre de rester seul et inactif.

❑ Je suis toujours disposé à aider ceux que je juge importants.

❑ Je suis fier de ce que je fais pour les autres et de n'avoir quant à moi pas besoin d'aide.

❑ Je suis d'un naturel jaloux.

❑ Je prends plutôt mes décisions sur la base de mes émotions.

❑ Je sens parfois que mon indépendance est mise en cause par la nécessité d'aider les autres, ce qui m'énerve intérieurement.

❑ Je cherche à plaire, je sais flatter et m'adapter à chacun, pouvant même présenter une identité différente selon mes interlocuteurs.

❑ Je peux sans préavis cesser d'apporter mon aide à quelqu'un qui ne sait pas en profiter.

❑ Je trouve que les autres ne sont pas assez reconnaissants pour ce que je fais pour eux.

❑ Je ne cherche pas forcément l'avant de la scène et peux facilement jouer l'assistant de quelqu'un d'important.

Faites le compte de vos croix. Score 2 = ----- / 10

Mécanisme 3

Quête de victoire

Cochez les cases correspondant à des comportements qui vous interpellent et faites la somme sur 10.

❑ J'aime gagner par-dessus tout. Je déteste l'idée de perdre.

❑ La connaissance des critères qui permettront aux autres d'évaluer si ce que j'accomplis sera considéré comme un succès est d'une très grande importance pour moi.

❑ J'ai toujours de multiples occupations, que je mène en parallèle. Très actif, j'ai toujours un objectif à atteindre.

❑ J'accepte très mal que le comportement d'un autre puisse mettre en danger mon succès.

- ❏ J'ai difficilement accès à mes sentiments. J'ai du mal à savoir qui je suis. Je m'identifie à ce que je produis et exprime les sentiments en phase avec mes projets.
- ❏ Jouant un rôle adapté en toutes circonstances, je suis le caméléon qui sait répondre à l'attendu de la situation.
- ❏ Je n'aime pas les trop longs projets, car ils impliquent une composante de risque que je souhaite minimiser en toutes circonstances.
- ❏ Avec un partenaire de vie, c'est par le travail fourni pour le bien du couple que je montre mon amour.
- ❏ Je suis doué pour argumenter et convaincre. Séducteur, beau parleur, la première chose que je vends, c'est moi-même.
- ❏ J'apprécie que les autres partagent mon optimisme et mon implication.

Faites le compte de vos croix. Score 3 = ----- / 10

Mécanisme 4

Originalité

Cochez les cases correspondant à des comportements qui vous interpellent et faites la somme sur 10.

- ❏ Ce que je vis est unique, vous ne pouvez pas me comprendre.
- ❏ Je veux des émotions intenses.
- ❏ Je suis sensible, sais faire preuve de compassion et d'une bonne capacité d'écoute.
- ❏ Mon humeur est très variable.
- ❏ Je repère immédiatement ce qui manque dans une situation pour que tout soit bien. Cela provoque chez moi une déception qui me donne envie de m'éloigner.
- ❏ Je ne peux pas vous faire comprendre ce que je ressens par des mots, c'est pourquoi j'utilise des symboles. Mais souvent, vous ne les comprenez pas.
- ❏ Mon imaginaire est plus riche que la triste réalité.
- ❏ J'aime ce qui est beau.
- ❏ La vie est une tragédie, c'est pour ça que je suis souvent mélancolique.
- ❏ En couple, ma perception de ce qui ne va pas chez l'autre me pousse parfois à l'attirer pour le repousser, pour ensuite l'attirer de nouveau dans un va-et-vient tragique.

Faites le compte de vos croix. Score 4 = ----- / 10

Mécanisme 5

Explication du monde

Cochez les cases correspondant à des comportements qui vous interpellent et faites la somme sur 10.

- ❑ Je veux comprendre le monde en l'observant à distance.
- ❑ Mon temps et mon savoir sont précieux.
- ❑ J'aime planifier, structurer, prévoir tout ce que je fais.
- ❑ Mes émotions, parfois vécues en décalage, me font peur, et je m'efforce de les contrôler. Tout le monde devrait d'ailleurs faire de même.
- ❑ Je préserve mon jardin secret et déteste les tentatives d'intrusion.
- ❑ Seul, je ne m'ennuie jamais, j'ai tant de choses à faire dans ma tête !
- ❑ J'évite de trop en dire de crainte que la conversation ne finisse sur un sujet que je ne maîtrise pas assez. Alors je laisse parler les autres, et quand tout le monde a parlé, je sais que je peux commencer mon exposé, clair et précis, et divulguer une partie de mon savoir (mais pas tout quand même, il faut qu'on sache que j'en ai encore sous le pied). J'ai aussi développé une grande capacité d'écoute, objective.
- ❑ Je sais manifester une tendresse non verbale.
- ❑ Il me faut parfois me retrouver seul pour recharger mes batteries et faire le point.
- ❑ Je cherche à en savoir un maximum. Je n'ai jamais assez d'informations pour prendre une décision.

Faites le compte de vos croix. Score 5 = ----- / 10

Mécanisme 6

Quête d'approbation

Cochez les cases correspondant à des comportements qui vous interpellent et faites la somme sur 10.

- ❑ J'imagine toujours les problèmes potentiels.
- ❑ J'ai du mal à me rappeler de mes plaisirs et succès passés et peux même craindre le succès.
- ❑ Je suis anxieux et sceptique.
- ❑ J'ai du mal à me décider et peux changer d'avis en un instant. Je voudrais que mes décisions soient logiques. Dans l'incertitude, je vais chercher des conseils et des informations.
- ❑ Il y a deux catégories pour moi : ceux de mon groupe, envers lesquels je suis serviable et loyal et dont j'attends le même comportement en

retour, et ceux en dehors du groupe, envers lesquels je suis méfiant. Si ces derniers sont porteurs d'une autorité, je peux même me montrer agressif à leur égard.

- ❑ Si je sais ce qu'on attend de moi, je me montre actif et efficace dans l'action, sinon, je peux avoir du mal à me lancer.
- ❑ Je suis en couple un partenaire loyal, bien au fait de ses devoirs, dans une perspective de relation sur le long terme. Pour établir la relation, il m'a fallu d'abord réussir à faire confiance à mon partenaire.
- ❑ Je respecte scrupuleusement les procédures et aime appartenir à un groupe bien structuré, à la loi duquel j'obéis.
- ❑ Je soutiens les vaincus, les opprimés, les persécutés.
- ❑ J'ai peur de tout ce qui est changement et remet en cause la stabilité. J'ai aussi peur des autres et de leurs intentions cachées. Si ma peur domine, je cherche à éviter le danger. Je me soumets à l'autorité. Sinon, je peux aller au-devant du danger, parfois de façon kamikaze. Je m'oppose alors à l'autorité et rallie le camp des victimes de l'autorité abusive. Je peux alterner très rapidement ces deux états.

Faites le compte de vos croix. Score 6 = ----- / 10

Mécanisme 7

Optimisme

Cochez les cases correspondant à des comportements qui vous interpellent et faites la somme sur 10.

- ❑ Je planifie en permanence mon avenir pour me garantir la possibilité de toujours pouvoir échapper aux moments pénibles et d'avoir en permanence du plaisir.
- ❑ Quand quelque chose est bon, plus il y en a, meilleur c'est.
- ❑ J'ai du mal à me restreindre à un partenaire fixe, attitude qui me ferme un univers de possibles. Si j'y parviens, je conserve souvent une tendance à « m'échapper » en cas de difficultés.
- ❑ J'adore établir des liens entre des sujets qui ne semblent pas liés entre eux, prenant plaisir à utiliser ma capacité de synthèse.
- ❑ Je déteste toutes les contraintes : règles, tâches routinières.
- ❑ Je cherche à maintenir un maximum d'options, ouvertes autant que possible, car choisir, c'est renoncer à ce qu'on ne choisit pas.
- ❑ Débordant d'idées, j'adore faire plusieurs choses en même temps.
- ❑ Je travaille sur un sujet donné tant que j'y trouve du plaisir, puis je passe à autre chose.

- ❑ J'aime partager mon plaisir avec les autres.
- ❑ Mon humour est parfois incisif, utilisant ce que je pense être ma supériorité mentale, inconscient parfois des réactions émotionnelles que je peux susciter.

Faites le compte de vos croix. Score 7 = ----- / 10

Mécanisme 8

Recherche de pouvoir

Cochez les cases correspondant à des comportements qui vous interpellent et faites la somme sur 10.

- ❑ J'aime commander, avoir du pouvoir. J'en use jusqu'à parfois contrôler les moindres détails.
- ❑ Les besoins et les émotions sont pour moi des signes de faiblesse, tant chez moi que chez l'autre.
- ❑ Je mène ma vie comme un combat pour la justice.
- ❑ Je suis un excellent organisateur.
- ❑ Je sais me décider très vite et agir en conséquence.
- ❑ Le monde tel que je le vois est en noir et blanc, bon ou mauvais, avec moi ou contre moi.
- ❑ L'énergie dont je déborde me rend intolérant à toute frustration, ce qui déclenche de très fortes colères, parfois violentes.
- ❑ Les règles sont faites pour être transgressées, tant les miennes que celles du monde.
- ❑ Les autres sont pour moi une menace potentielle. Je sais très vite repérer leurs points faibles pour les utiliser et prendre le pouvoir.
- ❑ Je ne suis pas vraiment diplomate et aime m'affirmer en disant NON souvent.

Faites le compte de vos croix. Score 8 = ----- / 10

Mécanisme 9

Quête d'harmonie

Cochez les cases correspondant à des comportements qui vous interpellent et faites la somme sur 10.

- ❑ J'aime créer une atmosphère harmonieuse et je suis facile à vivre. J'ai beaucoup de mal à dire NON.
- ❑ J'ai du mal à discerner l'important du secondaire.
- ❑ J'ai beaucoup de mal à me décider car je ne voudrais pas, par ma décision, initier un conflit. De plus, je ne sais pas vraiment ce que je veux. J'écoute volontiers tous les points de vue dans l'espoir de trouver un consensus.
- ❑ En couple, mon partenaire devient le centre de ma vie. Je connais tous ses désirs et attentes, mieux que les miens propres.
- ❑ Je n'aime pas agir et, souvent, il faut qu'un élément extérieur m'y pousse.
- ❑ Ce qui est nouveau est source potentielle de conflit ou de remise en cause, alors je n'aime pas ça.
- ❑ Dans un cadre donné, je fournis le travail attendu au niveau où il sera apprécié, sans chercher à briller à tout prix.
- ❑ J'ignore ou ne tiens pas compte de mes besoins, j'y ai des substituts tels que cigarette, télévision, lecture, alcool, ou même travail acharné…
- ❑ J'écoute ce qu'on dit sans donner en général d'opinion.
- ❑ Je refoule ma colère et boude ou montre mon agacement de manière non verbale. Quand j'explose, c'est terrible ; cela a bien dû m'arriver deux ou trois fois dans ma vie, longtemps après le vrai problème mais, en général, j'exprime plutôt mon bouillonnement intérieur par l'inertie.

Faites le compte de vos croix. Score 9 = ----- / 10

Bilan du test

Faites la somme de vos 9 scores, vous obtenez un total T. Divisez chacun de vos 9 scores par cette somme T puis multipliez-les chacun par 100, vous obtiendrez votre profil de répartition, que vous pouvez reporter sous forme de bâtons sur le graphique ci-dessous pour vous rendre compte visuellement de vos zones de prédominance et de vos zones sous-exploitées.

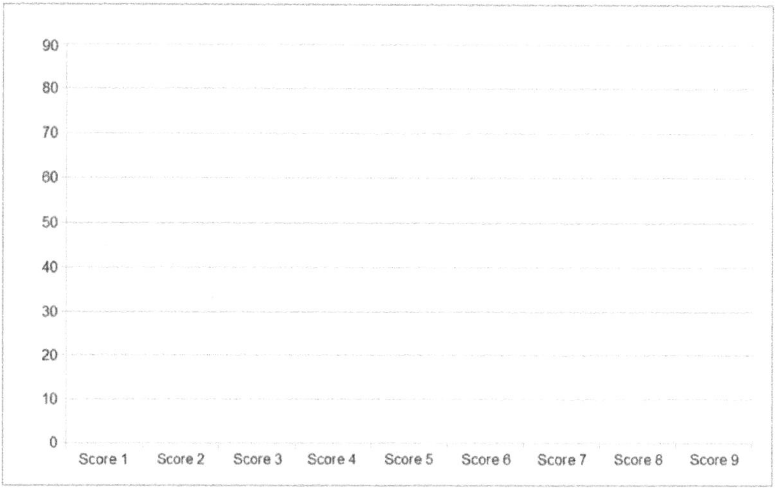

Notions avancées

Ailes

Dans le diagramme qu'on associe habituellement à l'ennéagramme, les neuf mécanismes sont représentés autour d'un cercle de telle sorte que chaque mécanisme se trouve entouré de deux mécanismes spécifiques. Ainsi **9. Quête d'harmonie** est-il entouré par **8. Recherche de pouvoir** et **1. Perfectionnisme**, qu'on appellera ses « ailes ».

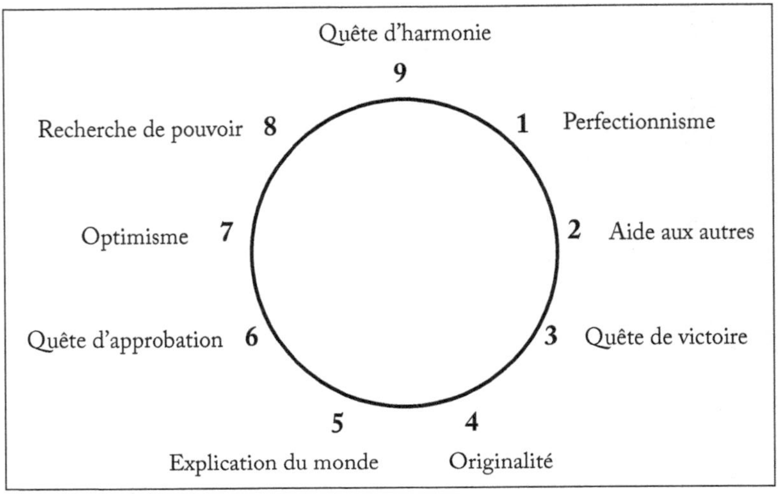

Cette disposition n'est pas innocente et trouve son fondement dans la vision de l'ennéagramme en tant que processus de manifestation de la conscience. (Les lecteurs souhaitant explorer ces fondements sont invités à parcourir les derniers chapitres d'un autre de mes livres, plus théorique : *L'Ennéagramme, 9 types de personnalité pour mieux se connaître [op. cit.]*)

D'un point de vue pragmatique, cela signifie que les mécanismes adjacents ont quelque chose à apporter au mécanisme que l'on considère, et qu'il n'est pas rare que lorsque vous mettez celui-ci en œuvre – soit parce que c'est chez vous un mécanisme ultra-majoritaire que vous jouez trop souvent, soit parce que le contexte particulier de l'instant considéré vous a amené à choisir ce mode de réaction –, l'un ou l'autre des mécanismes adjacents soit aussi un peu à l'œuvre, colorant votre action.

On parlera pour nommer ce phénomène de « 6 aile 5 », ou « 6 aile 7 », par exemple. Dans le premier cas, la quête d'approbation des autres s'appuiera sur un souci de comprendre avec un accès facilité à une excellence technique ; dans le second, la même quête d'approbation utilisera plutôt le levier de l'humour et de la légèreté. Et ainsi de suite pour les neuf mécanismes.

Exercice 7

Apports des ailes

Pour chaque mécanisme de l'ennéagramme, évaluez ce que chacun des deux mécanismes adjacents, appelés ailes, peut apporter pour colorer la manière dont le mécanisme de départ se met en œuvre.

Le tableau ci-dessous donne des pistes de réponses non exhaustives…

Éléments de réponse sur l'apport des ailes

Mécanisme	Première aile	Seconde aile
1. Perfectionnisme	9. Quête d'harmonie apporte de la flexibilité et de la tolérance	2. Aide aux autres apporte de l'empathie et de l'implication sociale pour le bien de l'humanité
2. Aide aux autres	1. Perfectionnisme apporte une rigueur morale et une tentative de rendre service de manière désintéressée	3. Quête de victoire apporte un sens de l'autonomie et une estime personnelle plus axée sur les qualités personnelles que sur les services rendus
3. Quête de victoire	2. Aide aux autres apporte une volonté d'être aimé qui pousse à être plus proche des autres	4. Originalité apporte un souci d'être reconnu pour sa contribution propre et spécifique, et par conséquent un plus grand sérieux dans le travail
4. Originalité	3. Quête de victoire apporte un souci de réussir tout en se distinguant	5. Explication du monde permet de stabiliser l'humeur et éloigne des préoccupations de statut social
5. Explication du monde	4. Originalité apporte une capacité à remettre en cause les postulats socialement établis	6. Quête d'approbation apporte un sens de l'observation et de l'organisation acéré
6. Quête d'approbation	5. Explication du monde apporte un accès facilité à l'excellence technique	7. Optimisme apporte légèreté et humour, tout en restant fiable à ses engagements
7. Optimisme	6. Quête d'approbation apporte un esprit de coopération et des capacités d'organisation	8. Recherche de pouvoir apporte de la détermination pour aller au bout des choses
8. Recherche de pouvoir	7. Optimisme apporte du charisme et un besoin renforcé d'indépendance	9. Quête d'harmonie apporte du calme et de la chaleur humaine
9. Quête d'harmonie	8. Recherche de pouvoir apporte la capacité à trancher, à arbitrer	1. Perfectionnisme apporte de la présence au monde et de la rigueur

Flèches

Si on regarde le diagramme de l'ennéagramme de plus près, on constate que des « flèches » relient les neuf points par des trajets intérieurs particuliers.

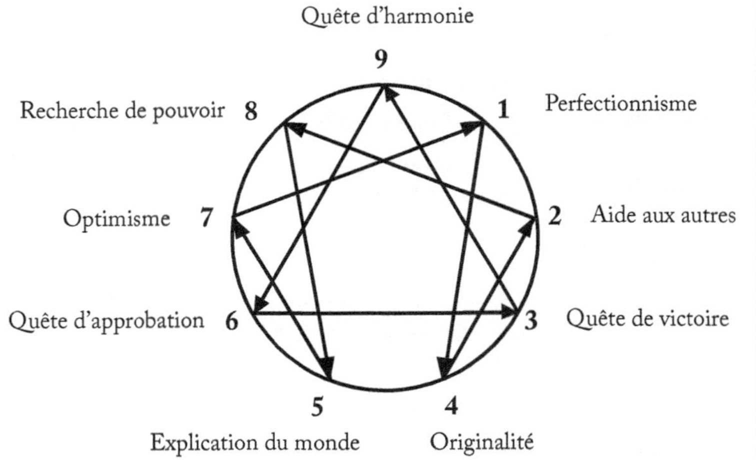

Effet du stress

Chacune des neuf stratégies peut être employée à bon escient au cours de la journée, mais, nous l'avons vu, nos stratégies majoritaires ont tendance à être surutilisées. Plus le stress monte, plus nous risquons de nous rabattre sur du connu et de devenir caricaturaux en ne jouant plus qu'une seule stratégie, enchaînant ainsi des comportements stéréotypés face à une situation donnée là où une vraie présence à nous-mêmes nous permettrait d'être dans un choix véritable, de potentiellement choisir d'autres comportements plus adaptés : nous sommes en pilote automatique.

Plus nous devenons esclaves de cette tendance, plus nous devenons prévisibles ; selon le vocabulaire de l'ennéagramme, nous nous « désintégrons » de plus en plus. Au contraire, plus nous prenons de la distance par rapport à ces mécanismes et plus nous nous en libérons, plus nous nous « intégrons ».

Selon les moments de la journée et les circonstances, nous sommes plutôt intégrés, ou nous plongeons plus ou moins dans la désintégration.

Prédire les comportements

L'ennéagramme, à travers le dessin de ses flèches intérieures, nous propose un modèle de prédiction des comportements en situation de stress, en cas de désintégration. En effet, plus le stress monte, plus nous nous sclérosons sur notre « stratégie fétiche », jusqu'à un point où nous sommes comme « entraînés par le courant » que matérialisent les flèches de l'ennéagramme ; nous nous mettons alors à manifester les comportements négatifs liés au point que désigne la flèche.

Prenons un exemple concret :

Un individu a une prédilection pour 7. Optimisme. Un contexte particulier le met sous fort stress. S'il ne parvient pas à gérer ce stress, il va chercher à gérer la situation en ne faisant que du 7. Optimisme, adoptant des comportements dignes de la caricature « 7 » évoquée dans la première partie de cet ouvrage.

Si le stress monte encore, il sera à un moment donné amené à manifester les aspects les plus négatifs du 1. Perfectionnisme : il se mettra à travailler dur et se forcera à rester dans un cadre qui le fait souffrir pour parvenir au résultat qu'il pensera pouvoir être le seul à obtenir correctement. Ce faisant, il fera la leçon aux autres et se montrera très critique, oubliant son enthousiasme.

Inversement, en zone de confort, plus nous parvenons à nous libérer d'un mécanisme, à nous « intégrer », plus nous avons accès aux plus belles caractéristiques du mécanisme en amont de la flèche, dont le mécanisme considéré est extrémité. Nous « remontons le courant ».

Reprenons notre exemple concret :

Notre individu très marqué par 7. Optimisme accédera au positif de 5. Explication du monde et deviendra alors, par exemple, capable de beaucoup mieux se concentrer.

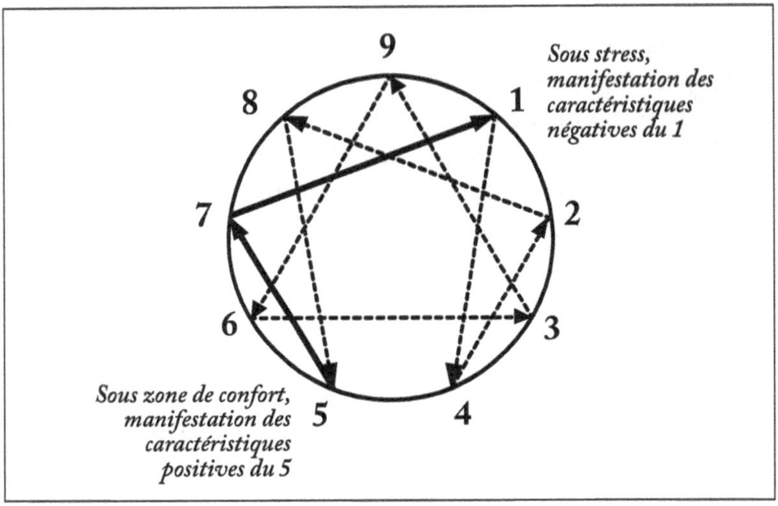

Les choix restent possibles

Attention, toutefois. Si ce modèle de prédictibilité des comportements sous stress est très puissant, il ne doit pas pour autant être confondu avec la possibilité d'élargir ses choix de stratégies de réponse dans une situation donnée. Ainsi, si on peut dire que « le 7 se désintègre en 1 », le fait qu'une personne fonctionnant majoritairement sous l'emprise de ce mécanisme manifeste des comportements typiques du « 1 » ne signifie pas pour autant qu'elle est en train de se désintégrer. Si les comportements sont positifs et adéquats, cela est plutôt un indicateur qu'elle devient capable de sortir des stéréotypes du « 7 » pour manifester des attitudes plus adaptées à la situation rencontrée, ce qui est plutôt signe d'intégration. Le principe des flèches nous propose une implication, pas une équivalence !

Exercice 8

Effets de la désintégration

Je vous propose de devenir auteur de vaudeville. Imaginez que vous deviez écrire le scénario d'une pièce de théâtre. La situation est la suivante : monsieur (mais vous pouvez aussi inverser les rôles et choisir madame) rentre prématurément d'un voyage d'affaires et arrive sur la pointe des pieds pour faire la surprise à madame. Seulement, en entrant dans le salon, il trouve des vêtements masculins qui ne sont pas les siens éparpillés au sol et entend de drôles de bruits en provenance de la chambre à coucher. À vous d'écrire la suite de l'histoire et les comportements du protagoniste en considérant tour à tour que monsieur a une prédominance 1. Perfectionnisme, puis 2. Aide aux autres, puis « 3 »… jusqu'à « 9 ». Essayez, vous verrez, c'est très amusant, et vos résultats seront très plausibles si vous vous aidez du principe des flèches que nous venons de décrire. Vous voici prêt à rivaliser avec Feydeau !

Pour vous aider dans votre tâche, le tableau ci-dessous donne des pistes d'interprétation des mécanismes d'intégration et de désintégration le long des flèches…

Éléments de comportements liés au stress

Mécanisme	Flèche de désintégration	Flèche d'intégration
1. Perfectionnisme	4. Originalité Fuite dans l'imaginaire. Culpabilité face à son irresponsabilité. Incompris, humeur dépressive. Comportements autodestructeurs.	7. Optimisme Moins rigide. Joyeux. Accepte les choses comme elles sont. Voit ce qui marche à côté de ce qui ne marche pas.
2. Aide aux autres	8. Recherche de pouvoir Se plaint de ne pas recevoir ce qu'il mérite matériellement ou en termes de reconnaissance. Dominateur. Facilement en colère. Vengeur.	4. Originalité À l'écoute de ses besoins. Recherche d'une expression de soi unique, dans son originalité. Besoin d'être apprécié pour ce qu'il est et pas pour ce qu'il fait pour les autres.
3. Quête de victoire	9. Quête d'harmonie Désengagement. Ralentissement du rythme. Profil bas. Apathique (burn-out).	6. Quête d'approbation Prise en compte du groupe. Collaboration. Fidélité et dévouement. Importance de la réussite collective.

…/…

4. Originalité	2. Aide aux autres Aspect amical forcé. Exagération de son importance dans la vie d'autrui. Scènes mélodramatiques.	1. Perfectionnisme Affirmation de soi. Efforts pour changer les situations plutôt que de s'en plaindre. Capacité à entraîner les autres.
5. Explication du monde	7. Optimisme Agitation. Insatisfaction. Quête de stimulation et d'expériences nouvelles.	8. Recherche de pouvoir Tient ses positions sans se replier. Plus en contact avec son corps et ses instincts. Plus d'assurance et de spontanéité.
6. Quête d'approbation	3. Quête de victoire Recherche de résultats à tout prix. Souci de son image. Entrée en compétition. Airs supérieurs.	9. Quête d'harmonie Plus de confiance en ses instincts spontanés. Moins de méfiance vis-à-vis de la nouveauté. Importance de l'harmonie. Entente placée au-dessus de l'obéissance aux normes et coutumes.
7. Optimisme	1. Perfectionnisme Rigidité. S'impose des procédures qui le font souffrir. Fait la leçon, critique. Sérieux indéridable.	5. Explication du monde Réflexion en profondeur. Réalisme. Admet la peine nécessaire pour mener à bien une tâche difficile. Empathie.
8. Recherche de pouvoir	5. Explication du monde Retrait, pour établir une stratégie, gagner du temps, recouvrer ses forces. Calme et détachement. Solitaire.	2. Aide aux autres Prête attention aux besoins de ses proches. Amical. Cesse de s'imposer brutalement.
9. Quête d'harmonie	6. Quête d'approbation Réactivité excessive aux demandes des autres. Doute et pessimisme. Suspicions paranoïaques.	3. Quête de victoire Initiatives. Actions. Capacité à se rendre intéressant, à se « vendre ».

Sous-types

Trois forces pulsionnelles

Totalement indépendamment de l'existence en nous de plusieurs centres, nous disposons tous de trois grandes forces pulsionnelles au niveau instinctif.

- L'instinct de survie, dit « de conservation », qui nous permet de répondre à nos besoins matériels et de sécurité. Il est ici question de nourriture, de chaleur, de logement. Cet instinct nous protège et nous pose la question : « Dans quel état suis-je actuellement ? »
- L'instinct grégaire, dit « social », qui nous permet de nous faire une place au sein d'un groupe, d'être reconnu socialement, d'appartenir à quelque chose de plus grand que soi, en étant attentif aux questions de statut et de popularité et en faisant preuve d'adaptation pour parvenir à ses fins. Cet instinct nous insère dans la société et nous pose la question : « Dans quel environnement suis-je actuellement ? »
- L'instinct de reproduction, dit « sexuel », qui nous permet d'établir une, ou plusieurs, relations intimes. Cet instinct déborde d'ailleurs largement la simple problématique sexuelle, car la question est d'établir un rapport à deux avec une autre personne, pas forcément à des fins sexuelles. On préférera donc le terme d'instinct d'intimité. Cet instinct place la notion de séduction au centre de nos préoccupations et nous pose la question : « Avec qui suis-je actuellement ? »

Hiérarchie

Il existe une hiérarchie d'utilisation entre ces instincts : l'un d'eux tendra à se manifester plus souvent que les autres chez un individu donné. Selon l'instinct qui domine, on dira que la personne considérée est de **sous-type** *conservation*, *social* ou *intimité.*

Deux personnes manifestant le même sous-type trouveront plus facilement des sujets de conversation communs. Deux sous-types

« conservation » apprécieront probablement d'échanger sur leur confort, la qualité de la nourriture, le coût de la vie ; deux sous-types « social » d'échanger sur les traditions et coutumes, sur les signes de reconnaissance ; deux sous-types « intimité » parleront volontiers d'activité sportive, de ce qu'ils font et qui les met en valeur.

Deux polarités

Pour avoir une vision complète, il convient ici d'ajouter que la manifestation des trois instincts évoqués peut s'effectuer selon deux polarités complémentaires, l'une réceptive et « féminine » (Yin, diraient les Chinois), l'autre assertive et « masculine » (Yang).

Concernant l'instinct de conservation, on peut en effet opter pour :

- un comportement qui vise à bâtir des murs, une forteresse pour se protéger et assurer sa survie (Yang, le chêne),
- ou un comportement qui offre la moindre résistance possible, se déformant pour éviter d'entrer dans un rapport de forces qui pourrait tout briser (Yin, le roseau).

Concernant l'instinct social, on peut :

- chercher à développer son image sociale, à devenir « important » (Yang),
- ou contribuer à tisser des réseaux sans forcément chercher à se mettre en avant (Yin).

Concernant l'instinct d'intimité enfin, on peut :

- chercher activement les personnes avec qui on souhaite établir une relation privilégiée, « partir en chasse » (Yang),
- ou bien « tendre ses filets » et laisser venir à nous l'autre avec qui pourra s'établir une relation privilégiée (Yin).

Importance des sous-types

Il est donc tout aussi important de prendre conscience de son sous-type prédominant que de ses mécanismes dans l'ennéagramme, car là encore, selon les circonstances, certains instincts sont plus adaptés que d'autres et un travail d'équilibrage sera toujours bénéfique.

Une étude exhaustive des combinaisons entre mécanisme ennéagramme et sous-type nous permet d'introduire plus de subtilité dans la perception des 27 possibilités (3 × 9) que permet cette association. Cette étude déborde le cadre de cet ouvrage, et je vous invite à la découvrir dans mon ouvrage déjà cité *L'Ennéagramme, 9 types de personnalité pour mieux se connaître*.

Exercice 9

Évaluer les sous-types

Dans la conversation ci-dessous, évaluez quel est le sous-type de chaque interlocuteur. Vous constaterez combien le dialogue est difficile : le centre d'intérêt de chacun n'est pas du tout le même !

Françoise : Bonjour Pierre, comment vas-tu ?

Pierre : Bien, merci, je rentre tout juste de mon voyage organisé au Japon.

Françoise : Quelle chance, ce doit être passionnant de voir comment vivent les gens là-bas.

Pierre : Oui, c'est vrai, en ville ils n'ont pas beaucoup de place et vivent un peu entassés !

Françoise : Tu as pu assister à des fêtes folkloriques, à cette saison ?

Pierre : Oui, il y a eu une grande fête en ville un soir, malgré le froid.

Françoise : J'ai toujours pensé que ces gens étaient d'une grande sensibilité. Tu as eu l'occasion de les côtoyer de près ?

Pierre : Pas vraiment, c'était un voyage organisé, tu sais. Tout était fait pour que nous puissions en voir un maximum et en avoir pour notre argent.

Françoise : Oui, je comprends.

Pierre : Et d'ailleurs, la vie est très chère, là-bas. Tu n'imagines pas le prix qu'ils demandent au restaurant pour quelques sushis. Et ce n'est même pas copieux.

Françoise : Qu'est-ce que tu retiendrais du mode de vie japonais, après ce voyage ?

Pierre : Ce qui m'a frappé, c'est que ce sont des gens très préoccupés par l'hygiène et la propreté. Je trouve ça plus sécurisant que de voyager dans des pays insalubres.

Françoise : Tu as ramené des photos ?

Pierre : Oui, bien sûr, tiens, regarde : là, c'est moi devant l'hôtel où nous étions descendus. Pas mal, non, l'hôtel ?
Françoise : Et tu ne t'es pas fait prendre en photo en kimono ?
Pierre : Non, je n'y ai pas pensé. Certains dans le groupe en ont rapporté, qu'ils ont négociés un bon prix sur un marché.
Françoise : L'ambiance du groupe était bonne ? Il y avait des personnes intéressantes ?
Pierre : Oui, plutôt. Mais il y avait une ou deux têtes en l'air qui ont été bien contentes de pouvoir profiter du stock d'aspirine que j'avais emporté après une des soirées, qui fut bien agitée.
Françoise : Raconte-moi…

Pour conclure :
– Pierre manifeste un sous-type conservation.
– Françoise manifeste un sous-type social.

À retenir de ce chapitre

- **On peut construire entièrement l'ennéagramme à partir de la théorie des trois centres (mental, émotionnel et instinctif).**
- **Les différents mécanismes de l'ennéagramme sont en interaction.**
- **Chaque mécanisme admet deux « ailes » qui provoquent des effets d'influence sur le mécanisme étudié.**
- **Chaque mécanisme en situation de stress se désintègre en suivant le parcours indiqué par les flèches dans le diagramme de l'ennéagramme pour manifester les aspects négatifs du type pointé.**
- **En zone de confort, les flèches s'inversent, et on devient capable d'exprimer les aspects les plus positifs du profil en lien dans cette logique d'« intégration ».**
- **Les sous-types « conservation », « social » et « intimité » permettent d'affiner la perception du système avec 27 possibilités qui prennent en compte les centres d'intérêt instinctifs de l'individu.**

CHAPITRE 5

APPROCHE ÉMOTIONNELLE : LES IDÉES SUPÉRIEURES

Au programme

- Bases de l'approche
- Les idées supérieures
- Pertes de contact avec les idées supérieures

Bases de l'approche

Notre essence

Si on en revient à l'historique de l'ennéagramme évoqué en première partie de cet ouvrage, on se souvient qu'au départ, ce système a été introduit en tant qu'outil spirituel pour libérer l'homme de la prison de l'ego. Dans cette vision des choses, nous avons une « essence » qui correspond à qui nous sommes vraiment, cette essence étant en harmonie complète avec un univers à l'intérieur duquel son but est de manifester ses qualités propres.

Dès sa naissance, notre essence est victime des contraintes et agressions du monde manifesté, et se protège en construisant une armure, un système de défense ; les mécanismes de l'ennéagramme répertorient les systèmes de défense possibles. L'enjeu d'un cheminement de développement personnel est alors de se libérer de ces mécanismes automatiques qui nous empêchent d'être pleinement nous-mêmes pour incarner totalement et en conscience notre essence.

Cela posé, vient naturellement la question suivante : « Mais alors, si l'essence est en harmonie complète avec l'Univers, comment se fait-il qu'elle puisse vivre certaines manifestations de l'Univers à son égard comme des agressions et se mettre en devoir de construire un système de défense pour y résister ? » Cette question est tout à fait pertinente…

L'approche diamant

L'approche qui de mon point de vue répond le mieux à cette question est celle développée par A.H. Almaas, appelée « approche diamant ». Selon celle-ci, l'Univers spirituel, ou bien Dieu, ou bien la Manifestation, selon le référentiel de croyance des uns ou des autres, possède un certain nombre d'attributs, de qualités, qui se renvoient les unes aux autres et forment un tout indissociable. On parle ici des « facettes de l'unité ». Que l'essence perde contact avec une de ces facettes, et l'harmonie est rompue : le besoin d'un système de défense se fait sentir !

En répertoriant les neuf qualités intrinsèques de l'Univers, les neuf « idées supérieures », on parvient à voir comment les neuf mécanismes de défense de l'ennéagramme peuvent être naturellement générés par la perte de contact avec une de ces idées supérieures. Nous allons le montrer dans le cadre de ce chapitre, qui fait à bien des égards plus appel au cœur qu'à la logique rationnelle froide.

La première étape consiste donc à définir plus précisément ces idées supérieures.

Les idées supérieures

L'Univers est perfection

Si à présent je vous demandais de prendre trente minutes, montre en main, et pas une seconde de plus, pour résumer tout ce que vous avez lu dans ce livre, et qu'à l'issue du délai je relevais vos « copies » en l'état, il est fort probable qu'en rendant votre travail, vous penseriez : « Ah zut, j'ai oublié de mentionner ceci ou cela », ou « Je n'ai pas eu le temps de me relire et il doit rester des fautes », ou toute autre formule dans le même esprit qui vous ferait conclure à la grande imperfection de votre travail.

Mais, si on veut bien y réfléchir posément, à partir du moment où vous avez mobilisé toute votre intention positive pour ce travail, toutes vos ressources disponibles à cet instant, et sachant que ces ressources peuvent varier d'un jour à l'autre, en fonction par exemple de la qualité de votre sommeil de la veille, dire que vous auriez pu mieux faire relève de la plus pure fantaisie. Dans un contexte donné, votre intention de faire de votre mieux vous garantit de facto d'obtenir le meilleur résultat possible. Toute considération relevant du « j'aurais pu ceci » ou « j'aurais pu cela » relève du domaine de l'idéalisation. C'est une belle idée, mais elle n'est pas incarnée dans le concret. On est dans la sphère du perfectionniste, qui finit par se sentir coupable de n'avoir pu réaliser en trente minutes ce qui objectivement en aurait demandé le double, voire plus. Ce n'est qu'un idéal inaccessible. Donc, à partir du moment où vous vous attachez à faire de votre mieux (et là est votre vraie responsabilité !), ce que vous produisez est une perfection au sens d'un déploiement concret, et non imaginaire, de vos potentiels.

Or, dans l'Univers réel – et pas un univers imaginaire ou virtuel dans lequel nous ne vivons pas, même si parfois nous nous piégeons à le croire –, chaque chose, à chaque instant, fait de son mieux, vous y compris ! En effet, même si vous pensez saboter votre performance, la psychologie nous apprend que ce sabotage est le fruit de processus inconscients qui cherchent à obtenir le meilleur pour nous, à nous protéger ; donc, là encore, vous êtes en train de faire de votre mieux, au point où vous en êtes de votre développement personnel.

La conclusion qui s'impose est donc que l'Univers est Perfection, tel qu'il est, et que le fait d'y voir parfois de l'imperfection relève d'un manque de recul face à une situation globale qui dépasse nos capacités d'appréhension. Oscar Ichazo résumait en 1972 ce principe de la manière suivante : « La perfection, c'est la conscience que la réalité est un processus qui évolue dans une direction définie avec un but. À l'intérieur de ce mouvement, chaque instant, par l'intermédiaire du processus, est en connexion avec le but, et ainsi tout est parfait. »

L'Univers est liberté

Nous faisons partie de l'Univers, même de manière infinitésimale, nous faisons corps avec lui et n'en sommes pas séparés. La seule vraie volonté qui existe est celle de la somme de ses minuscules parties. Si nous prenons conscience que la Réalité suit un courant qui obéit à des lois fixées, nous comprenons que la meilleure façon de gérer ce courant, c'est de l'utiliser. Notre seule vraie liberté est donc d'accepter ce qui nous est proposé.

La vision individualiste du monde qui émergea de 1789 est aujourd'hui bien développée et nous incite à croire que nous pouvons avoir une volonté propre, séparée de celle des autres, sans avoir à craindre les impacts de nos prises de position tournant le dos au sens commun, sans « effet papillon ». Les dégradations écologiques du monde actuel nous donnent, hélas, à vérifier le contraire. Quand une situation nous est proposée et que nous la refusons pour affirmer notre « liberté », nous entrons dans un mécanisme de rébellion face à la proposition initiale. Cela nous enferme dans une réaction qui est tout sauf de la liberté : ce n'en est qu'une illusion, car nous sommes alors prisonniers de l'antithèse de ce qui est proposé.

Regardez un surfeur sur l'océan. Si vous montez un jour sur une planche, vous sentirez l'immense sensation de liberté qu'on éprouve à surfer. Pourtant, pour y parvenir, le surfeur ne lutte pas contre la vague, il n'y résiste pas. Au contraire, il l'accepte totalement, et plus il l'accepte, plus son périple sera long et chargé d'une sensation de liberté. En fait, en acceptant totalement ce qui lui est proposé, il accède à la vraie liberté. Nous sommes libres, libres d'accepter notre vie pour enfin la vivre pleinement plutôt que de souffrir à y résister.

L'Univers est loi

L'Univers est régi par des lois immuables qui sont les mêmes pour tous et s'appliquent de la même manière pour tous. Tout physicien à la recherche de l'équation ultime de l'Univers vous le confirmera !

En prenant conscience de l'harmonie universelle, on accède à une certitude : celle que les lois s'appliquent objectivement pour tous et en tout point. On ne peut pas tricher sans en subir les conséquences. Parfois, le boomerang met du temps à revenir, mais toujours il reviendra, car tel le veut la loi, et personne n'y échappe. En prenant conscience de cela, on cultive la notion d'espoir.

L'Univers est originalité

On appelle souvent l'Univers « la Création ». C'est un terme fort à propos, car depuis le commencement des temps, par le biais d'un « big bang » ou par toute autre vision de choses que proposent les religions, nous vivons au sein d'une création permanente, sans cesse renouvelée. Les étoiles naissent, vivent et meurent. Les arbres poussent, donnent des fruits, finissent dans la cheminée. Chaque chose naît, vit et laisse la place pour d'autres créations, toujours différentes – car rien n'est jamais complètement identique à rien. Leurs parents distinguent facilement les vrais jumeaux car ils sont profondément différents. Deux feuilles d'un arbre ne sont jamais strictement identiques.

Tout ce qui naît dans notre Univers est le résultat des lois objectives mentionnées ci-dessus. Nous avons notre origine dans cette création permanente, et c'est ce qui fonde du coup notre singularité, notre originalité propre. Nous sommes toutes et tous des êtres uniques dans toute l'histoire de l'Univers.

L'Univers est non-séparation

Le vieux paradigme de l'observateur séparé de l'expérience qu'il observe a été battu en brèche par la mécanique quantique dont on vérifie les équations dans les milieux scientifiques les plus rationnels. À partir du moment où vous observez quelque chose, vous avez une influence sur ce que vous observez, c'est inévitable, vous faites partie du système.

Nous sommes tous connectés les uns aux autres dans l'Univers. La séparation est une illusion du mental. Si les hommes sont des îles, en retirant l'eau de l'océan, on constate que les îles ne sont pas séparées. Il n'y a pas d'endroit possible pour se soustraire à l'Univers et à ses lois.

L'Univers est force

Quand on prend conscience que l'Univers suit des lois (parfaites) qui le maintiennent dans un processus créatif permanent stable, on accède à l'idée qu'il est possible de vivre en harmonie dans la Réalité en allant dans la liberté vers son accomplissement individuel. La Force de l'Univers, résidant dans le fait qu'il « est », nous est accessible également car nous n'en sommes pas séparés.

La prise de conscience du fait que nous sommes porteurs de cette Force, en tant que parcelle de l'Univers, nous conduit à la foi, qui est la certitude ressentie intérieurement (et non pas une croyance) que nous sommes porteurs d'une dimension essentielle, ce qui nous met en contact direct avec notre propre « essence ».

L'Univers suit un plan

L'Univers obéit aux lois naturelles et vise à déployer dans le temps sa perfection. Il suit donc un Plan qui permet d'inscrire dans la temporalité le déploiement de cette perfection.

La seule vraie façon d'apprécier pleinement ce déploiement est d'être dans la liberté de rester dans l'instant « présent » et de vivre pleinement ce qui y est proposé, profitant ainsi de la succession des moments qui permettent au Plan d'exister.

L'Univers est non-dualité

Le principe de dualité est une illusion dans un Univers de non-séparation. Il pose des oppositions qui sont des illusions, car l'Univers est un et rien n'y est séparé de rien. Il n'y a pas d'absolu, uniquement des relativités. Les notions de bon et mauvais sont question de point de vue, tout comme celles de victime et bourreau.

Notre système culturel peut nous inscrire dans des valeurs qui nous permettent de juger une chose comme bonne ou mauvaise, mais dans l'absolu il n'y a pas de vérité qui serait plus juste qu'une autre.

L'Univers étant un, il n'y a qu'une seule vérité, la vérité de la réalité à laquelle nous contribuons. Ce qui est, ce que nous vivons, ce que nous expérimentons, c'est ça, la vérité. Tout le reste n'est que constructions mentales qui se rapportent à des idéaux, pas à ce qui est, même si pour fonctionner nous avons bien souvent encore besoin de nous raccrocher à ces valeurs et idéaux.

L'Univers est amour

Les lois qui gouvernent l'Univers ne sont pas froides. En effet, elles conduisent à la création de la Vie. En permanence, l'Univers se trouve dans un processus de se donner lui-même à ses composants afin de faire naître cette plénitude issue du sentiment d'être aimé, d'être porté par l'amour.

L'Amour est don de soi, et l'Univers nous montre le chemin en s'offrant inconditionnellement à nous.

Pertes de contact avec les idées supérieures

Perfectionnisme

Si l'on perd le contact avec le fait que l'Univers est une perfection en cours de déploiement, il en résulte un ressenti intérieur d'imperfection, avec, face au caractère insupportable de cette imperfection, une tendance à ressentir une colère débordante.

Du fait de ce ressenti intérieur d'imperfection, on se vit imparfait, et on cultive le perfectionnisme pour lutter contre ce désagréable état intérieur. On peut aussi se vivre insuffisant et compenser par des airs supérieurs. On se sent inadéquat et on masque cela par une attitude jugeante, qui permet de prendre les devants pour ne pas être soi-même jugé. Se ressentant éventuellement comme sans intérêt, on peut se montrer, en réaction, dominateur. Si l'on en vient jusqu'à se sentir pauvre (matériellement ou spirituellement), on recherche alors une stabilité excessive.

On voit ici clairement comment la perte de connexion à l'idée supérieure de perfection nous entraîne dans les manifestations habituelles du mécanisme **1. Perfectionnisme**.

Aide aux autres

Si l'on perd le contact avec l'idée supérieure de liberté, on vit de fait un état intérieur sous-jacent de dépendance.

On cherche à compenser ce ressenti intérieur de dépendance en affirmant n'avoir pas de besoins. On peut aussi se vivre insuffisant et compenser dans l'orgueil, se sentir inadéquat et masquer cela en cherchant à être le centre d'attention, en appelant l'amour.

Cette dépendance sous-jacente peut nous faire nous sentir dans le besoin, ce qu'on nie par des attitudes de fausse abondance, ou bien ressentir un vide intérieur qu'on cachera dans un surinvestissement de la sphère émotionnelle.

On voit ici clairement comment la perte de connexion à l'idée supérieure de liberté nous entraîne dans les manifestations habituelles du mécanisme **2. Aide aux autres**.

Quête de victoire

Si l'on perd le contact avec le fait que l'Univers suit des lois qui sont les mêmes pour tous, on contracte un état sous-jacent qui nous fait nous sentir incapable d'être créateur et dans l'impossibilité d'arriver à un résultat si l'on reste enfermé dans les règles.

On ressent alors un manque de sens à l'Univers ; face à ce non-sens, à ce vide existentiel, on cherche du sens dans l'image qu'on donne à voir et on remplit le vide en « faisant », puisque « être » génère un malaise. Ces comportements nous entraînent dans un vécu intérieur où l'on ne sait plus qui on est, et où l'on cherche donc à être vu et reconnu par l'extérieur, par les autres. Comme la loi est vécue comme contournable, on use de tricherie et on compense en arborant une image de probité.

On voit ici clairement comment la perte de connexion à l'idée supérieure de loi nous entraîne dans les manifestations habituelles du mécanisme **3. Quête de victoire**.

Originalité

Si l'on perd le contact avec le fait que l'Univers est originalité, création permanente sans cesse renouvelée, on ne peut pas se vivre comme soi-même original et unique, et l'on en ressent un manque de racines et de connexion au monde.

De ce fait, on ne se sent pas vraiment exister et, en réaction, on crie pour attirer l'attention. On cherche à prouver à tout prix une originalité qui est déjà acquise par le seul fait d'exister dans cet Univers. Face à cette difficulté à se vivre unique, un rejet de soi et un ressenti d'appauvrissement de l'Être émergent, conduisant en compensation à s'idéaliser ou à idéaliser les autres, et même à prendre papa ou maman, ou les ancêtres, comme modèles, puisque notre propre expression originale est vécue, à tort, comme impossible.

On voit clairement ici comment la perte de connexion à l'idée supérieure d'originalité nous entraîne par compensation dans les manifestations habituelles du mécanisme **4. Originalité**.

Explication du monde

Si l'on perd le contact avec le fait que rien n'est séparé de rien dans l'Univers, il en résulte un ressenti intérieur illusoire de pouvoir s'isoler, s'en extraire, se « mettre à l'abri ». Cela va générer en conséquence une peur d'être submergé.

De cette peur d'être submergé naît une peur non reconnue d'être sans défense, conduisant à bâtir un château fort pour se protéger du monde, vis-à-vis duquel on se montre avare. Face à ce monde trop écrasant pour ne pas s'en protéger, on pourra se vivre insuffisant, et avoir, du coup, des comportements évitants. Cette isolation créera un ressenti profond de solitude contre lequel on pourra essayer de lutter en cherchant à trouver la plénitude dans l'isolement. Seul avec soi-même, la peur du vide intérieur poussera à réprimer ses besoins pour apprendre à se contenter de peu.

On voit ici clairement comment la perte de connexion à l'idée supérieure de non-séparation nous entraîne dans les manifestations habituelles du mécanisme **5. Explication du monde**.

Quête d'approbation

Si l'on perd le contact avec le fait que l'Univers est force et qu'en tant que parcelle de cet Univers, cette force nous est aussi donnée à nous, il en résulte un ressenti intérieur de faiblesse qui conduit à la peur.

Se vivant faible, on compense parfois dans des attitudes contre-phobiques de témérité et d'héroïsme. Sinon, face à un monde plus fort que soi, on se sent victime, et il en résulte souvent rapidement des attitudes paranoïdes : on voit le monde nous persécuter. Le doute de soi très fort induit par cet état intérieur de faiblesse ressentie peut parfois nous amener à nous montrer en façade très sûr de nous.

On voit clairement ici comment la perte de connexion à l'idée supérieure de force nous entraîne dans les manifestations habituelles du mécanisme **6. Quête d'approbation**.

Optimisme

Si l'on perd le contact avec le fait que l'Univers suit un plan visant à déployer sa perfection, on se trouve confronté à un avenir incertain dans lequel le pire est possible, car l'absence de confiance dans le processus universel déclenche des angoisses : « Et si, en fin de compte, tout cela nous emmenait dans un mur ? »

Du fait de cette absence de vision de l'avenir, on a l'impression de ne rien savoir, et on déclenche par réaction une boulimie de tout savoir. Il y a dans ce ressenti une grande frustration, que la gourmandise compense. Pour éviter la souffrance d'un futur incertain, on cherche à compenser l'absence de plan en planifiant soi-même en permanence son futur. Parfois, le ressenti de son manque de savoir peut nous pousser à des postures qui frôlent le charlatanisme pour masquer ce manque.

On voit ici clairement comment la perte de connexion à l'idée supérieure de plan nous entraîne dans les manifestations habituelles du mécanisme **7. Optimisme**.

Recherche de pouvoir

Si l'on perd le contact avec le fait que la dualité n'est qu'une illusion, on en vient à ressentir une absence criante de justice dans le monde, qui appelle à rétablir les déséquilibres jusqu'à réclamer vengeance.

À l'intérieur de ce monde injuste, on peut se ressentir victime et lutter contre cet état en adoptant des attitudes de justicier. On peut se sentir manquer de vie sous le joug de ce monde cruel et injuste, et compenser par l'excès qui nous fait nous sentir vivant. Pour survivre, nous ressentons la nécessité de tout contrôler, et cette nécessité imposée fait naître de la colère.

On voit ici clairement comment la perte de connexion à l'idée supérieure de non-dualité nous entraîne dans les manifestations habituelles du mécanisme **8. Recherche de pouvoir**.

Quête d'harmonie

Si l'on perd le contact avec le fait que l'Univers est amour, alors on ne ressent pas à quel point laisser un vide pour que nous puissions exister est une preuve d'amour, et on en vient à faussement considérer le vide comme une absence d'amour, alors qu'il en est une manifestation.

Du fait de cette vision des choses, un profond ressenti intérieur d'absence d'amour émerge, qui trouve souvent son apaisement dans une fausse spiritualité. Le besoin de compenser ce manque d'amour va pousser à chercher à se rendre aimable. Dans une peur de déranger, on cherche alors à ne pas exister indépendamment des autres, générant des attitudes fusionnelles.

Dans sa confusion, la personne qui déploie le mécanisme **9. Quête d'harmonie** croit donner de l'amour en n'étant pas présente, alors que l'amour est un don de soi. S'il n'y a rien de donné, il n'y a pas amour, mais plutôt désengagement, désintérêt. Quand l'Univers laisse un vide pour que nous puissions exister, il ne « part » pas, il est bien là, puisque l'Univers est tout ce qui est. Il s'agit bien d'un don de soi, d'un acte d'amour. L'enjeu est de laisser de la place à l'autre, mais sans quitter le jeu.

On voit ici clairement comment la perte de connexion à l'idée supérieure d'amour nous entraîne dans les manifestations habituelles du mécanisme **9. Quête d'harmonie**.

À retenir de ce chapitre

- On peut voir les mécanismes de l'ennéagramme comme des attitudes de compensation face à la perte de contact avec une des neuf qualités intrinsèques de l'Univers.
- Selon les traditions spirituelles, on parlera de l'Univers, de Dieu, de la Manifestation pour désigner la réalité dans laquelle nous évoluons.
- Les neuf attributs de la réalité, qui ne peuvent exister les uns indépendamment des autres, sont : Perfection, Liberté, Loi, Originalité, Non-Séparation, Force, Plan, Non-Dualité, Amour.

CHAPITRE 6

APPROCHE PAR LE CORPS

Au programme

- Les danses de Gurdjieff
- Mises en situation
- Filtres de perception

L'ennéagramme, on l'a vu, nous parle des trois centres : mental, émotionnel et instinctif.

Comprendre l'ennéagramme « avec la tête » est passionnant, et le support écrit est particulièrement adapté à cela. Mais il est des subtilités de l'approche qui ne peuvent s'écrire, car elles relèvent d'une expérience intime individuelle durant laquelle certains ressentis nous deviennent accessibles.

Pour saisir cette dimension de l'ennéagramme, point d'autre solution que de l'expérimenter dans le cadre de pratiques, encadrées ou non. À ce stade, cet ouvrage se propose de vous donner des points d'entrée possibles qu'il vous appartiendra d'explorer si l'envie vous en prend, sans prétendre pouvoir se substituer aux expériences vécues qu'il évoque.

Les danses de Gurdjieff

Gurdjieff, intimement lié à l'histoire de l'ennéagramme, nous a laissé un héritage riche et diversifié. En plus de ses trois livres, qui présentent une vision originale de l'Univers et de l'Homme, il a également composé plus de deux cents morceaux de musique, en collaboration avec le compositeur russe Thomas de Hartmann (1885-1956), et a créé un corpus de près de deux cent cinquante danses et exercices physiques appelés « les mouvements ». Les mouvements peuvent avoir un impact sur l'état psychologique d'un danseur, en élargissant sa conscience dans de nouveaux domaines d'expérience. Bien que les origines de ces danses aient fait l'objet de spéculations diverses, Gurdjieff en a fort probablement créé la plupart lui-même, à la suite de ses voyages d'étude dans des communautés religieuses du Moyen-Orient et d'Extrême-Orient.

D'après Gurdjieff, le but de ces mouvements est d'aider au « développement harmonique de l'homme » en combinant la pensée et les sentiments avec des mouvements du corps. Il s'agit donc de créer par des enchaînements codifiés particuliers des situations qui sollicitent nos trois centres (mental, émotionnel, instinctif) dans des combinaisons particulières, ouvrant à des prises de conscience de leurs interactions par l'expérience vécue.

Une grande partie des danses se fait en suivant le guide que représente le diagramme de l'ennéagramme tracé sur le sol. Avant d'envisager d'expérimenter l'effet que peuvent produire ces exercices, vous pourrez facilement voir à quoi ils ressemblent en consultant les nombreuses vidéos disponibles sur Internet en réponse à la recherche « danses de Gurdjieff ».

Mises en situation

Le travail d'acteur sur scène est un merveilleux moyen de contacter et de faire vivre les différents mécanismes en nous pour ressentir ce que cela fait « à l'intérieur » d'utiliser à outrance 1. Perfectionniste ou 3. Quête de victoire, par exemple.

Des stages pratiques de mise en situation sont parfois proposés qui vous permettront d'appréhender pleinement l'ennéagramme par le vécu, en règle générale à travers des exercices d'improvisation théâtrale. C'est un bon moyen de compléter votre perception de l'ennéagramme et, surtout, bien plus, de vous-même et de vos fonctionnements privilégiés. Ce qui ressortira de ces expériences ne sera pas ce que votre mental croit que vous faites, mais ce que votre corps exprimera et qui échappe à toute rationalisation parfois stérilisante.

Parmi les stages que je connais, je peux évoquer ceux de Lionel Wilmot et Dominique Boutry, à Lille, qui utilisent les masques de la *commedia dell'arte* (Pantalone, Scaramouche, Capitane, Zanni, Pulchinella, Arlequin, Tartaglia, Colombine, Dottore) pour nous aider à contacter la façon dont les neuf mécanismes répondent à l'intérieur de nous.

Je citerai également le très beau travail que réalise Jean-Marie Hoton en Belgique, clown sur scène depuis 1979, qui propose des prises de conscience ludiques, grâce au clown intérieur qui habite chacun de nous, à travers des exercices d'improvisation. Comme il le dit lui-même : « Le principe est de jouer, et rejouer, pour déjouer nos mauvais mécanismes et pouvoir s'en jouer ! »

Filtres de perception

Lorsque nous nous désintégrons en privilégiant un mécanisme par rapport à tous les autres, que nous sommes prisonniers de ce mécanisme, nous nous mettons à percevoir le monde à travers un prisme déformant adapté aux éléments clefs que la forme de système de défense activé se doit alors de garder sous surveillance.

Il existe ainsi neuf « paires de lunettes déformantes », neuf façons de voir le monde de façon partielle et orientée. Mais si un état désintégré nous impose une paire de lunettes particulière, nous pouvons aussi nous astreindre à en porter une pour pouvoir ressentir les effets d'une compulsion donnée au niveau de notre corps. Changer nos contraintes de vision du monde est ainsi une très bonne façon d'explorer l'ennéagramme à travers le corps.

Ainsi, quand je propose à des personnes de regarder le monde à travers les yeux de 1. Perfectionnisme, il n'est pas rare que la première chose qu'elles remarquent soit des tensions dans le cou et la mâchoire, et un poids sur les épaules.

En changeant notre regard sur le monde, nous pouvons donc explorer l'ennéagramme par l'expérience vécue. En voici un exemple dans l'exercice suivant.

Exercice 10

Voir le monde sous un autre angle

Je vous propose de fermer les yeux, de vous détendre, et de les rouvrir en ayant consciemment choisi de vous rendre attentifs à l'une des consignes que vous trouverez ci-dessous. Ainsi, vous pourrez explorer les ressentis dans le monde du 1, du 2, du 3…

Vous pourrez choisir de passer quelques minutes ou bien plusieurs heures dans ce mode de vision du monde pour en explorer toutes les implications sensorielles.

1. Perfectionnisme
Rendez-vous particulièrement attentif à tout ce qui n'est pas conforme à vos idéaux de perfection dans le monde que vous observez. Cherchez tout ce qui ne va pas. Guettez les critiques venant de l'extérieur.

2. Aide aux autres
Rendez-vous particulièrement attentif à tous les besoins et désirs que peuvent avoir les autres et aux manières que vous pouvez mettre en œuvre pour les satisfaire. Votre enjeu premier doit être d'obtenir de l'amour ou de l'approbation.

3. Quête de victoire
Rendez-vous particulièrement attentif à toutes les occasions que vous pourrez saisir de réussir des choses qui vous permettront de vous valoriser aux yeux des autres.

4. Originalité
Rendez-vous particulièrement attentif à tout ce qui manque dans la situation, tout ce qui est absent et devrait être là. Vous saisirez tous les éléments qui pourront contribuer à exacerber vos sentiments, vers les extrêmes, qu'ils soient positifs ou dans la tristesse.

5. Explication du monde

Rendez-vous particulièrement attentif à tous les éléments qui vous permettent de mieux comprendre le monde. Vous veillerez en toutes circonstances à maintenir une position d'observateur qui ne s'implique pas dans ce qui se passe sous ses yeux.

6. Quête d'approbation

Rendez-vous particulièrement attentif à tout ce qui pourrait, dans votre environnement, constituer un danger potentiel. Vous traquerez également les attitudes qui pourraient sembler menaçantes chez les autres.

7. Optimisme

Rendez-vous particulièrement attentif à tout ce qui peut vous rendre un moment agréable. Vous vous emploierez à échafauder des scénarios de ce qui vous attend ensuite, en prenant bien soin de prévoir le plus possible d'options et de solutions de repli.

8. Recherche de pouvoir

Rendez-vous particulièrement attentif à tout ce qui vous permet de prendre le pouvoir ou de le garder. Vous serez particulièrement vigilant à tout élément qui risquerait de contribuer à vous faire perdre le contrôle de la situation.

9. Quête d'harmonie

Rendez-vous particulièrement attentif à tout ce qui pourrait devenir une source de conflits potentiels. En vous intéressant aux opinions et objectifs des autres, vous éviterez de vous imposer.

À retenir de ce chapitre

- **Certaines subtilités de l'ennéagramme relèvent d'une expérience intime individuelle durant laquelle certains ressentis nous deviennent accessibles.**
- **De nombreuses pratiques permettent de faire l'expérience de l'ennéagramme par le corps : des danses, un travail théâtral, un changement de nos filtres de perception du monde.**

PARTIE 3

LA MISE EN ŒUVRE PRATIQUE

L'ennéagramme nous permet une compréhension de notre fonctionnement et de celui des autres qui trouve des applications dans de nombreux domaines.

- On peut l'utiliser comme outil de croissance personnelle, afin de devenir de plus en plus nous-mêmes, en nous libérant du piège de nos automatismes.
- On peut l'utiliser pour améliorer notre communication avec les autres, en sachant quels canaux de communication privilégiés nous pouvons utiliser au cas par cas.
- On peut l'utiliser à des fins d'efficacité professionnelle, pour améliorer la motivation et la collaboration au sein d'une équipe.

Je vous propose à présent de découvrir des outils pragmatiques et concrets qui exploitent la structure de l'ennéagramme pour nous apporter des solutions dans les domaines de la croissance personnelle, de la communication interpersonnelle et du travail en équipe.

Du point de vue du développement personnel, un premier outil exploitera la structure des ailes (décrite au chapitre 4) pour faire le clair à l'intérieur de nous. Une exploration des histoires d'enfance liées à la mise en place excessive des divers mécanismes nous permettra de mieux comprendre nos blocages et de trouver la manière d'en sortir. Enfin, quelques pratiques aidant à se désidentifier de nos schémas automatiques seront proposées.

Du point de vue de la communication interpersonnelle, nous examinerons les manières de communiquer associées aux neuf mécanismes et la meilleure façon de dialoguer avec chacun. Nous verrons aussi deux outils très pratiques : un pour mettre en évidence les schémas de fonctionnement classiques entre deux mécanismes et un pour tirer au clair les confusions dans l'analyse du mode de fonctionnement de l'autre.

D'un point de vue professionnel, enfin, nous verrons comment adapter au mieux les objectifs d'un collaborateur en fonction de ses mécanismes de prédilection, comment exploiter au mieux le talent de chacun dans le cycle de vie d'un projet, et comment motiver chacun en proposant des critères adaptés.

CHAPITRE 7

GRANDIR AVEC L'ENNÉAGRAMME

Au programme

- Utiliser les ailes (outil)
- Revisiter son histoire de vie
- Se désidentifier de ses automatismes

Utiliser les ailes (outil)

Nous avons vu que les deux positions situées de part et d'autre de chaque position de l'ennéagramme sont appelées « ailes ». Du fait du lien avec la logique de processus qu'embarque l'ennéagramme, l'aile ayant un numéro plus bas (sens inverse des aiguilles d'une montre), par exemple le 1 vis-à-vis du 2, ou le 6 vis-à-vis du 7 (attention toutefois à l'exception du 1, pour lequel il faut prendre le 9…), nous parle des ressources sur lesquelles nous pouvons compter et nous donne des informations précieuses sur l'état interne à rechercher pour faire fonctionner un mécanisme dans des conditions favorables à la sortie d'une utilisation exclusive de ce mécanisme. L'aile avec un numéro plus élevé (sens des aiguilles d'une montre), par exemple l'aile 5 pour le 4, nous renseigne sur la finalité constructive du mécanisme qui permet d'envisager, une fois la « mission accomplie », de sortir de son utilisation exclusive en vue de ce résultat.

En interrogeant nos deux ailes, on obtient donc des informations précieuses pour avancer dans des situations où règnent le trouble et le doute. Je vous propose ici un outil simple pour tirer parti de ce principe et vous aider à chaque fois que vous devez y voir clair, ou que vous ne savez pas trop quelle attitude adopter face à une situation donnée.

Les conseillers

Identifiez le mécanisme à l'œuvre chez vous dans le contexte de la question qui vous préoccupe.

Identifiez deux conseillers adaptés à ce mécanisme dans votre imagination.

- Le premier est un personnage imaginaire, une partie de votre corps (mon cœur, mon petit doigt...), ou un symbole. Il représente votre intériorité, c'est votre « conseiller intérieur ».
- Le second est un personnage réel et vivant ou ayant vécu, célèbre ou de votre entourage. Il représente le monde extérieur, c'est votre « conseiller extérieur ».

Pour identifier les conseillers, on utilisera le tableau suivant :

Mécanisme	« Conseiller intérieur » Une représentation imaginaire qui représente pour le sujet...	« Conseiller extérieur » Un personnage réel qui représente pour le sujet...
1. Perfectionnisme	La paix et l'harmonie	L'altruisme
2. Aide aux autres	La rigueur et la fiabilité	L'esprit de compétition
3. Quête de victoire	L'altruisme	L'originalité
4. Originalité	L'esprit de compétition	La concentration
5. Explication du monde	L'originalité	L'esprit d'équipe
6. Quête d'approbation	La concentration	La liberté
7. Optimisme	L'esprit d'équipe	L'esprit de conquête
8. Recherche de pouvoir	La liberté	La paix et l'harmonie
9. Quête d'harmonie	L'esprit de conquête	La rigueur et la fiabilité

Pensez à votre difficulté ou à votre questionnement pour l'avoir bien en tête. Demandez en imagination à votre « conseiller intérieur » ce qu'il vous conseillerait de faire dans cette situation, puis demandez à votre « conseiller extérieur » comment il s'y prendrait pour mettre en œuvre ce que l'autre conseiller vient de proposer. Vous obtenez une première proposition. Notez-la.

Demandez à présent en imagination à votre « conseiller extérieur » ce qu'il vous conseillerait de faire dans cette situation, puis demandez à votre « conseiller intérieur » comment il s'y prendrait pour mettre en œuvre ce que l'autre conseiller vient de proposer. Vous obtenez une seconde proposition. Notez-la.

Examinez les deux propositions pour choisir celle qui vous semble la plus appropriée ; vous pouvez aussi choisir de construire une nouvelle réponse à la lumière de ces deux éclairages.

Revisiter son histoire de vie

Étudier les conditions qui ont contribué à la mise en place d'un mécanisme donné au détriment des autres nous donne des clefs pour comprendre comment en sortir. Je vous propose d'examiner brièvement les histoires d'enfance habituelles qui amènent à s'enfermer dans l'utilisation à outrance d'un mécanisme donné.

1. Perfectionnisme

L'enfant qui dans son jeune âge a été amené à surinvestir le mécanisme **1. Perfectionnisme** a fort probablement vécu des situations où, tout en étant sans défense, il était pris par la critique et en a ressenti de l'humiliation aboutissant à un manque de confiance en sa propre valeur.

Pour se défendre, il a alors appris à se faire porteur des normes et standards, acquérant un sens précoce des responsabilités. En conséquence, il en est venu à juger que la figure du Père ne remplissait pas correctement son rôle, et à avoir des aspirations à assumer lui-même ce rôle, devenant sa propre figure paternelle, se poliçant et se punissant lui-même : personne ne devait pouvoir le prendre en erreur.

2. Aide aux autres

L'enfant qui dans son jeune âge a été amené à surinvestir le mécanisme **2. Aide aux autres** a fort probablement fait preuve d'une grande sensibilité émotionnelle et d'une capacité à deviner les besoins des autres. Souvent, ces qualités ont été exploitées par des membres de la famille dans le besoin (parent dépressif, surchargé...). Dès lors, trois croyances se sont installées : que les besoins des autres passaient avant les siens, qu'il fallait d'abord donner pour pouvoir recevoir ensuite et que l'amour se gagnait.

L'enfant s'occupe par exemple de frères et sœurs plus jeunes ou de l'entretien de la maison, une fille se met à penser qu'elle peut être une meilleure épouse que la mère pour un père légèrement dépressif... En tout état de cause, le climat familial contribue à fixer le comportement sur « faire plaisir aux autres ».

3. Quête de victoire

L'enfant qui dans son jeune âge a été amené à surinvestir le mécanisme **3. Quête de victoire** a fort probablement vécu dans un contexte familial qui valorisait ses réalisations et non pas ce qu'il était, ne reconnaissant pas ses sensations mais mettant en valeur de manière exagérée ses succès.

Cette validation par la performance conduit naturellement à endosser le rôle du « héros de la famille », et on trouve souvent derrière ce schéma le sentiment d'une mission profonde de racheter certaines blessures familiales.

4. Originalité

L'enfant qui dans son jeune âge a été amené à surinvestir le mécanisme **4. Originalité** a fort probablement vécu un sentiment d'abandon, d'avoir été aimé puis délaissé. Sous une forme ou sous une autre, une coupure irréversible s'est produite. De là s'est développée la croyance qu'il y avait quelque chose de mauvais en lui, monopolisant son attention sur ce qui manque.

Il est doté d'un sens du beau développé mais ses qualités n'ont pas été reconnues, et il n'est pas rare qu'il existe un fantasme d'avoir été adopté, car il se sent différent de ses parents.

5. Explication du monde

L'enfant qui dans son jeune âge a été amené à surinvestir le mécanisme **5. Explication du monde** ne s'est probablement pas senti en sécurité dans sa famille, vivant dans le risque subjectif d'être submergé. Ce sentiment d'intrusion peut provenir d'un contexte de grande famille ou bien de parents dans le besoin ou très demandeurs émotionnellement.

En tout cas, un climat de disette émotionnelle se dégage, et il développe l'idée que dans un monde de pénurie où rien ne s'obtient sans trop donner en retour, il vaut mieux être minimaliste, préserver son intimité et disposer d'un maximum d'informations pour contrôler la situation. Il n'attend rien des autres, sinon qu'on le laisse dans son coin. Il apprend très tôt à se couper de ses émotions (avec sa mère en premier lieu).

6. Quête d'approbation

L'enfant qui dans son jeune âge a été amené à surinvestir le mécanisme **6. Quête d'approbation** a fort probablement vécu, dans la phase de séparation avec la mère (l'enfant doit passer d'un état de fusion avec sa mère à un état où il s'en distingue), des situations dans lesquelles la figure paternelle n'apportait pas le niveau de soutien attendu, provoquant une peur d'être submergé par une mère qui projette sa vision d'un monde dangereux (et qui de plus peut souvent se montrer surprotectrice).

Il en résulte un besoin de proximité et d'approbation, mais aussi un besoin de se défendre en même temps. En effet, les personnes d'autorité (initialement représentées par le père) ne sont pas fiables, elles sont imprévisibles et on ne peut pas leur faire confiance. Les sens sont mis en alerte et l'enfant cherche à éviter les surprises en anticipant les coups à venir. Une alliance ambiguë s'instaure avec le père : il y a obéissance extérieure mais indépendance intérieure.

7. Optimisme

L'enfant qui dans son jeune âge a été amené à surinvestir le mécanisme **7. Optimisme** a fort probablement vécu un sentiment inconscient de déconnexion de sa mère, soit du fait d'un sevrage précoce, soit de l'arrivée d'un autre enfant, soit d'un problème de santé de la mère… D'un coup, sans crier gare, la corne d'abondance s'est tarie. Il en a déduit que les autres ne pouvaient lui donner l'attention dont il avait besoin et a appris à se déconnecter de la souffrance et à se materner lui-même.

Dans la phase de séparation, la recherche d'objets transitionnels (le doudou qui se substitue à ce qui a été perdu) a pris une importance particulière pour lutter contre les sentiments de frustration, de peur, de douleur ; c'est le prototype du comportement adulte d'occupation de l'esprit à des distractions variées, l'adulte prisonnier du « 7 » passant sa vie à « goûter » de nouvelles choses sans jamais en être satisfait.

8. Recherche de pouvoir

L'enfant qui dans son jeune âge a été amené à surinvestir le mécanisme **8. Recherche de pouvoir** a fort probablement observé un monde dans lequel les faibles sont victimes et où la vérité est celle du plus fort. Les figures parentales semblent abuser de leur force dans une mauvaise direction, ou un besoin de devenir adulte très tôt se fait sentir (environnement dangereux, père absent…).

L'enfant se protège en activant à fond ses forces de survie instinctives. Souvent, un rejet ou une trahison (qui peut être simplement le fait d'avoir été oublié à l'école…) marque la mort de l'innocence et la décision de ne plus être vulnérable.

9. Quête d'harmonie

L'enfant qui dans son jeune âge a été amené à surinvestir le mécanisme **9. Quête d'harmonie** a fort probablement perçu l'environnement familial comme un lieu dans lequel il fallait faire un choix entre être soi-même et être connecté aux autres. Peut-être s'agit-il d'une famille nombreuse, ou bien les parents sont très occupés, et il pense mériter l'amour en ne « dérangeant pas ».

Il a peur que des désirs personnels divergents ne provoquent la séparation et se juge non digne d'être aimé pour ce qu'il est. Sa solution est alors l'oubli de soi et de faire semblant de vouloir ce que l'autre veut. Il « disparaît » pour conserver l'harmonie familiale. En général, il vit une enfance heureuse.

Se désidentifier de ses automatismes

Pour arrêter de fonctionner en « pilote automatique », il ne suffit pas de le décider. Il faut d'abord être capable de prendre du recul sur nos comportements, de « lever le nez du guidon » pour devenir conscients de ce que nous sommes en train de faire, avant d'espérer le réformer.

La fonction la plus élaborée chez l'être humain est la conscience réflexive, c'est-à-dire le fait d'être conscient qu'on est un être conscient. Elle suppose dans une certaine mesure d'être capable de se dissocier de soi-même pour pouvoir s'observer.

La capacité de pouvoir s'écouter est la première condition à une vraie évolution. Il s'agit de faire naître en soi l'observateur intérieur qui dispose du recul nécessaire à la prise de conscience de la mécanique en jeu à l'intérieur de nous. On parle aussi parfois de désidentification : nous ne sommes pas nos actes, ni nos pensées, ni nos émotions, mais beaucoup plus que l'ensemble des trois.

En développant l'observateur intérieur, on peut :

- prendre pleine conscience du mécanisme compulsif à l'œuvre en nous ;
- corriger ce déséquilibre dans notre mécanisme d'attention ;
- utiliser l'énergie ainsi gagnée pour d'autres activités.

Cet observateur n'existe que dans le temps présent, d'où l'intérêt d'approches permettant de se centrer sur soi et de se reconnecter à son corps, car celui-ci vit en permanence dans le présent.

Afin de faire grandir votre capacité d'observation de soi, je vous propose deux exercices simples et concrets.

Exercice 11

Prendre du recul

En fin de journée, avant de vous endormir, prenez l'habitude de revisionner votre journée. Durant cette revue, évaluez dans quelle mesure chacune de vos décisions est le résultat d'un libre choix ou bien de l'influence d'un mécanisme ennéagramme donné. Si vous prenez des notes, vous pourrez après quelque temps voir l'évolution de vos facteurs de prise de décision.

Exercice 12

S'observer

Prenez un dictaphone ou mettez votre téléphone portable en mode enregistrement. Démarrez l'enregistrement.

Détendez-vous sur une chaise et prenez contact avec vous-même. Énoncez à haute voix, SANS CHERCHER À COMPRENDRE, ni à faire des liens, ni à juger la justesse de ce qui sort, ce qui vous traverse et monopolise un bref instant votre attention. Ce peut être un ressenti (« le nez me gratte »), un sentiment (« je ressens une vague de tristesse » ou « d'euphorie »), une pensée (« je me demande depuis combien de minutes je parle à ce magnétophone »), une image (« je revois l'image de l'appartement des vacances »), etc. Qu'importe, verbalisez ce qui passe sans chercher à comprendre.

Quand vous en avez assez, écoutez votre enregistrement et passez en mode analyse. Comment les différents énoncés s'enchaînent-ils ? Y a-t-il des choses qui reviennent régulièrement ? Y a-t-il des scénarios d'enchaînements qui se dégagent ?

À travers cette analyse, vous allez découvrir des choses surprenantes sur votre fonctionnement intime inconscient…

À retenir de ce chapitre

- **Interroger ses « ailes », c'est-à-dire les deux points situés de part et d'autre du mécanisme considéré, permet de faire émerger des ressources pour mieux faire face aux situations.**
- **Chaque mécanisme peut être relié à un schéma d'histoire d'enfance qui nous donne des éclairages pouvant aider à se libérer plus facilement d'un mécanisme.**
- **C'est par l'observation de soi, le réveil d'un observateur intérieur, neutre, non jugeant et non agissant, qu'on peut progressivement prendre conscience de nos identifications avec les mécanismes de l'ennéagramme et nous en libérer.**

CHAPITRE 8

MIEUX COMMUNIQUER AVEC L'ENNÉAGRAMME

Au programme

- Neuf manières de communiquer
- Interactions entre modes de fonctionnement (outil)
- Évaluation du mécanisme

Neuf manières de communiquer

Chaque enfermement dans un des neuf mécanismes induit des attitudes et des façons de s'exprimer caractéristiques – et en conséquence des choses à faire et à éviter face à un interlocuteur qui manifeste ces attitudes pour garantir la meilleure qualité de communication possible. Je vous propose de passer en revue les éléments essentiels à connaître en ce domaine.

1. Perfectionnisme

Votre interlocuteur se distinguera par un discours méthodique, précis et linéaire, abordant une notion à la fois. Il aura tendance à généraliser. Ainsi, si un détail cloche, il aura tôt fait de dire que tout va mal. Si quelque chose au contraire lui convient, cela sera supposé convenir à tous. Il aura tendance à émettre des critiques, mais rarement des compliments. Vous pourrez percevoir au fil de son discours un nombre anormalement élevé de « il faut… » et de « on doit… ». Vous repérerez aussi souvent une colère contenue, contre lui-même ou contre un autre, qu'il ne s'autorise pas à exprimer et qu'il dépense beaucoup d'énergie à garder en lui.

Du coup, dans un échange, vous aurez tout intérêt à vous montrer précis et clair et à faire preuve de sérieux. On n'est pas là pour s'amuser – montrez-vous responsable et faites passer le plaisir après le travail ! Vous pouvez émettre des critiques, à condition qu'elles soient justifiées avec précision. Même chose pour un éventuel compliment. Demandez-lui son avis, qu'il se fera un plaisir de partager, il n'attend que ça ! Enfin, respectez son rythme et éviter de l'interrompre au milieu de son développement.

2. Aide aux autres

Votre interlocuteur sera centré sur la qualité de la relation qu'il a avec vous plus que sur les contenus. Il vous proposera de l'aide et des avis, vous complimentera facilement et vous encouragera en faisant appel à l'affectif et à la séduction. S'il a besoin de quelque chose, il tournera les choses de façon à donner l'impression que c'est vous qui avez ce besoin et qu'il va vous aider à l'obtenir. Quand ça va mal, il peut faire preuve d'émotions spectaculaires avec des colères ou des crises d'hystérie (gare au service d'assiettes en porcelaine !).

Du coup, dans un échange, vous aurez tout intérêt à le rassurer sur le fait que vous l'appréciez. Demandez-lui son avis, il ne manquera pas de vous le donner : après tout, c'est déjà une façon de vous aider ! Mais ne vous laissez pas tromper sur les vraies raisons de son assistance, et n'oubliez pas qu'il attend des remerciements en retour, faute de quoi vous récolterez des reproches au bout d'un certain temps (c'est vrai, quoi, avec tout ce qu'il a fait pour vous !). Si vous donnez satisfaction à un de ses besoins, ne mettez pas ce fait en évidence, sinon il sabotera votre aide : lui, il n'a besoin de rien… Enfin, si, parfois, sans trop comprendre pourquoi, vous vous sentez face à lui coupable de je ne sais quoi, c'est probablement que vous êtes tombé dans son jeu manipulateur pour obtenir vos faveurs…

3. Quête de victoire

Votre interlocuteur se montrera optimiste et stimulant. Il aura toujours quelque chose à vous vendre, car il voit l'autre comme un client à convaincre. En permanence sous pression, il parlera beaucoup de tout ce qu'il a réalisé, de ses succès, mais très peu de lui-même. En fait, il passe son temps à dire ce qu'il fait mais jamais qui il est. Dans son discours, l'émotion sera au rendez-vous, mais ce sera toujours une émotion appropriée au contexte et au rôle qu'il est en train de jouer.

Du coup, dans un échange, vous aurez intérêt à lui fixer des objectifs précis et à court terme. Un objectif flou et à long terme véhicule derrière lui le spectre d'un échec potentiel dans sa vision des choses. Il n'a pas de temps à perdre, alors ne tournez pas autour du pot : restez bref et concret. Admirer ses réalisations vous attirera ses bonnes grâces. Si vous travaillez avec lui, sachez fixer des limites quant aux rythmes acceptables au nom de la compétition, sinon il vous amènera très loin dans le surmenage. Et si vous avez des choses importantes à régler, fixez-lui un rendez-vous pour éviter qu'il ne vous file entre les doigts pour cause d'agenda déjà surbooké…

4. Originalité

Votre interlocuteur aura une forte tendance à parler souvent de ses problèmes et de tout ce qui ne va pas. Il se montrera critique vis-à-vis de lui-même comme des autres. Dans son discours, vous verrez les émotions se succéder et s'enchaîner d'un extrême à l'autre avec passion, jusqu'à parfois des phrases qui restent inachevées, tandis qu'il cherche vainement l'expression juste pour que vous le compreniez (mais de toute façon, vous ne pouvez pas le comprendre !). Il aura tendance à adopter assez vite une attitude de rejet vis-à-vis de l'autre : c'est une défense pour éviter de se sentir rejeté lui-même (il tire le premier…).

Du coup, dans un échange, vous aurez tout intérêt à manifester de l'attention et à vous montrer impliqué. Restez pondéré et acceptez l'émotion tout en exigeant que la raison soit aussi au rendez-vous. Valorisez sa créativité, partagez ses considérations esthétiques et faites ressortir la beauté et tout ce qu'il y a de bon dans le moment présent, lui évitant ainsi quelques bouffées de mélancolie.

5. Explication du monde

Votre interlocuteur montrera peu d'implication émotionnelle. Il sera plutôt abstrait et concis dans ses propos. Démontrant une grande capacité d'écoute et de support, il vous démontrera son intérêt pour la relation par des signaux non verbaux (attitudes, regards, main sur l'épaule, etc.). Même s'il ne cherche pas forcément à l'étaler, son savoir et la supériorité intellectuelle dont il est conscient se font sentir. Ne soyez pas surpris s'il se met régulièrement à l'écart, car il a besoin de moments de retrait pour se ressourcer.

Du coup, dans un échange, vous aurez tout intérêt à respecter son besoin de s'isoler et à lui laisser du temps pour sa réflexion. Certaines questions n'obtiendront pas de réponse immédiate ; il vous apportera la réponse plus tard. Posez des questions précises, car des questions floues n'apporteront que des réponses floues. Évitez les bavardages « superficiels » sur la pluie et le beau temps, qui le font fuir, et n'hésitez pas à donner des explications, avancer des théories appuyant vos propos. N'utilisez pas de formule du style « tu devrais… » si vous ne voulez pas le mettre immédiatement en résistance contre ce que vous proposerez dans la seconde partie de votre phrase. Enfin, acceptez de recevoir peu en retour à vos propos – ce n'est pas un grand bavard.

6. Quête d'approbation

Votre interlocuteur aura un discours plutôt analytique et rationnel. Il fera preuve d'une grande loyauté envers les « siens ». Ses propos seront souvent marqués par des hésitations, par des « oui, mais… », sauf s'il se sent en sécurité et légitimé ! Faisant preuve d'hésitations, il se montrera ambivalent, naviguant en permanence entre confiance et suspicion, entre loyauté et doute, en fonction de son interlocuteur et de la situation.

Du coup, dans un échange, vous aurez tout intérêt à vous montrer franc, concret et précis. Justifiez les compliments que vous émettez à son égard, sinon il jugera ça louche et cherchera à déterminer si vous ne tentez pas de le manipuler. Soyez positif et confiant, ce qui le rassurera, et acceptez qu'il puisse avoir des doutes pour mieux le ramener à la réalité. Enfin, respectez les règles, dont la politesse fait partie…

7. Optimisme

Votre interlocuteur se montrera plein de gaîté et d'optimisme, prenant la vie du bon côté. Une de ses expressions favorites pourrait bien être : « Il n'y a pas de problème ! » Il parlera beaucoup de ses projets et de ses expériences mais manquera d'implication sur le long terme. Plutôt que d'aborder un vrai problème, il préférera vous proposer de faire à la place une activité agréable. Il sera très doué pour vous proposer différentes options créatives pour une question donnée, mais sans jamais faire de choix lui-même. S'il est acculé à faire quelque chose de désagréable, il déprimera ou se mettra en colère pour tenter d'y échapper.

Du coup, dans un échange, vous aurez tout intérêt à prendre soin de le recadrer à chaque fois qu'il vous embarquera loin du champ initial de la discussion. Évitez la monotonie et allez vite, sinon, à un moment donné, vous vous rendrez compte qu'il est déjà parti… Manifestez de l'enthousiasme et prenez soin de préserver son image. Pour les questions importantes, surtout, prenez rendez-vous, si vous ne voulez pas qu'il s'échappe au dernier moment.

8. Recherche de pouvoir

Votre interlocuteur vous dira ce qu'il pense franchement et sans dissimulation. Son discours sera en noir et blanc, sans demi-mesure, et il se montrera excessif en tout. Il aura tendance à facilement transgresser les règles et exprimera peu d'émotions, à l'exception de la colère, parfois violente. Il fera les choses généreusement et intensément, avec beaucoup d'énergie.

Du coup, dans un échange, vous aurez tout intérêt à être franc et sans dissimulation et à respecter son caractère indépendant. Montrez-vous pratique et concret plutôt que théorique, soyez clair, précis, ferme, et faites preuve de conviction. Laissez-le évacuer ses colères sans importance sans vous formaliser. Cependant, s'il est question de trahison de votre part, il faudra lui tenir tête, sans quoi il considérera votre manque de réponse comme un aveu et souhaitera se venger.

9. Quête d'harmonie

Votre interlocuteur se montrera calme, d'un grand soutien et facilement en fusion avec vous. Il parlera peu de lui, car il ne se connaît pas, en revanche, il pourra parler sans relâche de ce qui ne l'implique pas. Il ne vous dira jamais « non » et se mettra parfois en colère à retardement. Pour lui, faire des choix sera en général très difficile, et il préférera se concentrer sur des détails futiles et des choses routinières que sur des actions ou décisions qui pourraient faire changer les choses.

Du coup, dans un échange, vous aurez tout intérêt à créer un climat de sécurité. Demandez-lui ce qu'il ne veut pas plutôt que ce qu'il veut, et choisissez pour lui dans ce qu'il n'a pas éliminé : vous gagnerez un temps précieux et éviterez de le voir traîner des pieds en choisissant une option qui ne lui plaît pas même s'il ne vous le dit pas. Mettez en avant l'unité sous-jacente, l'harmonie globale d'un projet ou d'une idée pour emporter son adhésion. Si vous ne voulez pas vous heurter à sa très grande force d'inertie, surtout ne lui donnez pas d'ordres.

Interactions entre modes de fonctionnement (outil)

Entre deux individus fonctionnant chacun dans un des neuf mécanismes, nous pouvons anticiper les effets de l'interaction des mécanismes entre eux et dégager des pistes sur les points d'accord et de désaccord qui risquent d'émerger.

Pour chaque mécanisme mis en œuvre par un individu, je vous propose un tableau des interactions probables avec les neuf mécanismes qu'il peut trouver en face de lui, mettant de manière synthétique sous vos yeux les enjeux des diverses interactions.

1. Perfectionnisme

Face à	Éléments positifs	Éléments perturbateurs
1. Perfectionnisme	Chacun perçoit les critiques constructives de l'autre comme des signes d'intérêt. Le discours est vite remplacé par le travail en commun.	Un effet de mise en compétition peut se manifester. La difficulté à prendre des décisions peut être renforcée si chacun attend que l'autre commence.
2. Aide aux autres	Le 1 apprécie la sociabilité du 2. Le 2 apprécie le sens des responsabilités du 1 et cherche spontanément à combler ses besoins.	Le manque de chaleur émotionnelle du 1 et les critiques sont difficiles à supporter pour le 2. L'impulsivité et les manifestations émotionnelles spontanées du 2 inquiètent le 1.
3. Quête de victoire	Le 1 et le 3 sont tous deux pleins d'énergie, aiment le travail et sont sensibles au regard des autres.	Le 1 veut apparaître juste alors que le 3 veut simplement séduire, ce qui choque le sens moral du 1, qui peut en venir à douter de la sincérité du 3. Le 3 fuit les colères du 1 dans le travail, mais le 1 exige que le problème ne soit pas oublié ainsi.
4. Originalité	Le 1 apprécie la créativité du 4. Le 4 apprécie la solidité des positions du 1.	Le 4 reproche au 1 un manque de sensibilité et se trouve renforcé dans son sentiment d'être incompris par les critiques de ce dernier. Le 1 trouve que le 4 joue les victimes et le critique d'autant plus.
5. Explication du monde	Tous deux ont tendance à mettre leurs émotions de côté. La relation est froide et rationnelle.	Le 1 peut interpréter les silences du 5 comme des jugements négatifs à son encontre. Le 5 a du mal à supporter que le 1 lui dise ce qu'il a à faire.
6. Quête d'approbation	Les deux donnent une grande importance à la valeur « travail » et partagent une même vision de ce qui ne va pas.	Les deux doutent d'eux-mêmes et peuvent retarder une décision, conduisant à un certain immobilisme. Si le 1 prend une position jugée autoritariste par le 6, il peut déclencher chez lui une réaction de résistance.
7. Optimisme	Le 1 apprécie la spontanéité et la bonne humeur du 7. Le 7 apprécie le sens de l'engagement et la rigueur du 1.	Le 7 veut s'amuser alors que le 1 veut travailler. Le manque d'implication du 7 est insupportable pour le 1. En retour, le 7 trouve que le 1 est rigide et pas très malin.
8. Recherche de pouvoir	La force du 8 pallie l'indécision du 1. Le contrôle de soi et les valeurs morales du 1 réfrènent les excès du 8.	Le 1 est outré par le fait que le 8 s'asseye sur les valeurs morales. La relation est marquée de nombreuses colères.
9. Quête d'harmonie	Il y a de part et d'autre un goût du calme et de la routine. Le 1 aime le soutien qu'apporte le 9. Le 9 aime les cadres que lui apporte le 1.	Quand il faut agir, le 1 va de l'avant et le 9 résiste au mouvement. Plus le 1 tente de forcer le 9, plus ce dernier fait preuve de force d'inertie.

2. Aide aux autres

Face à	Éléments positifs	Éléments perturbateurs
1. Perfectionnisme	Le 2 apprécie le sens des responsabilités du 1 et cherche spontanément à combler ses besoins. Le 1 apprécie la sociabilité du 2.	Le manque de chaleur émotionnelle du 1 et les critiques sont difficiles à supporter pour le 2. L'impulsivité et les manifestations émotionnelles spontanées du 2 inquiètent le 1.
2. Aide aux autres	Chacun veut satisfaire les besoins de l'autre sans reconnaître les siens. La seule solution est d'œuvrer ensemble pour satisfaire les besoins d'une tierce personne.	Il peut y avoir rivalité et jalousie sur la qualité de l'attention obtenue d'une tierce personne.
3. Quête de victoire	Le 3 est très heureux que le 2 satisfasse ses besoins (le 2 aussi !).	Le 2 supporte mal que le 3 soit focalisé sur son travail et néglige l'être humain qu'il a face à lui. Le 3 supporte mal les contraintes cachées en termes de retour attendu des comportements du 2, de même que les manipulations émotionnelles.
4. Originalité	Les deux apprécient de s'exprimer par le canal émotionnel, parfois avec emphase.	Le 2 trouve que le 4 est trop centré sur son nombril. Le 4 trouve que la vie émotionnelle du 2 manque de profondeur.
5. Explication du monde	Les deux se complètent mais la relation est souvent minimale, faute de terrain commun, et peut être très conflictuelle.	Le 5 se referme sur lui-même quand le 2 essaie de satisfaire ses besoins.
6. Quête d'approbation	Les deux aiment les rôles de second plan, en soutien de la réussite d'un autre. L'alliance fonctionnera bien si celui qu'on veut faire réussir est une tierce personne.	Le côté manipulateur du 2 réveille la paranoïa du 6. Le 2 trouve le 6 trop cérébral.
7. Optimisme	Les deux partagent un grand optimisme. Le côté séducteur du 7 attire le 2, qui en retour peut aider le 7 dans la concrétisation de projets.	Le manque d'implication émotionnelle du 7 perturbe le 2. Le 7 se sent piégé par les manipulations du 2 en vue d'obtenir de l'attention.
8. Recherche de pouvoir	Les deux apprécient le contact. Le 8 aime contrôler et le 2 aime être en soutien.	Le 8 peut trouver que le 2 n'établit pas de frontière suffisamment nette entre amis et ennemis, bons et méchants.
9. Quête d'harmonie	Il y a beaucoup de soutien et d'attention réciproque.	Le manque de réussite du 9, du fait de son manque d'implication, sur un sujet où le 2 apporte son soutien, peut décourager ce dernier. Les tentatives de contrôle de la relation par le 2 peuvent conduire le 9 à user de sa force d'inertie.

3. Quête de victoire

Face à	Éléments positifs	Éléments perturbateurs
1. Perfectionnisme	Le 1 et le 3 sont tous deux pleins d'énergie, aiment le travail et sont sensibles au regard des autres.	Le 1 veut apparaître juste alors que le 3 veut simplement séduire, ce qui choque le sens moral du 1, qui peut en venir à douter de la sincérité du 3. Le 3 fuit les colères du 1 dans le travail, mais le 1 exige que le problème ne soit pas oublié ainsi.
2. Aide aux autres	Le 3 est très heureux que le 2 satisfasse ses besoins (le 2 aussi !).	Le 3 supporte mal les contraintes cachées en termes de retour attendu des comportements du 2, de même que les manipulations émotionnelles. Le 2 supporte mal que le 3 soit focalisé sur son travail et néglige l'être humain qu'il a face à lui.
3. Quête de victoire	Chacun soutient l'autre, mais de manière superficielle, sa propre réussite passant avant celle de l'autre. Cela fonctionne bien s'il y a convergence d'intérêts.	Il y a un très fort risque de compétition.
4. Originalité	Les deux sont très sensibles au regard des autres.	Le 3 se détourne de sa vie émotionnelle alors que le 4 en fait le centre de son existence. Le 4 trouve donc que le 3 manque de présence et le 3 est gêné par les comportements peu conventionnels du 4.
5. Explication du monde	Il y a partage des rôles, le 3 étant axé sur les relations sociales et le 5 sur le contenu. Il n'y a de part et d'autre que peu d'émotions exprimées.	Le 5 ne supporte pas que le 3 fasse semblant de savoir des choses alors que ce n'est qu'un vernis superficiel, et trouve parfois ses agissements « creux ».
6. Quête d'approbation	Il est important de discuter ensemble des doutes et hésitations du 6, car ils stressent fortement le 3.	Le côté caméléon du 3 fait douter le 6 de son honnêteté. Le 3 oublie ses échecs, le 6 oublie ses succès.
7. Optimisme	Il y a convergence dans l'optimisme et le souci de son image. Les relations sont dans les deux cas superficielles.	La tendance à cacher les difficultés étant forte, de gros problèmes peuvent survenir sans avoir été suffisamment anticipés.
8. Recherche de pouvoir	L'émotion s'exprime difficilement dans les deux cas. Les deux sont actifs, dans deux formes complémentaires d'énergie.	Le 8 comprend mal le souci d'image du 3 qui a parfois du mal à accepter les façons brusques du 8.
9. Quête d'harmonie	Le 3 fournit l'impulsion dont le 9 a besoin pour s'activer. Le 9 fournit le « bon public » dont le 3 a besoin.	Le 3 peut manquer de patience face à l'inertie du 9.

4. Originalité

Face à	Éléments positifs	Éléments perturbateurs
1. Perfectionnisme	Le 1 apprécie la créativité du 4. Le 4 apprécie la solidité des positions du 1.	Le 4 reproche au 1 un manque de sensibilité et se trouve renforcé dans son sentiment d'être incompris par les critiques de ce dernier. Le 1 trouve que le 4 joue les victimes et le critique d'autant plus.
2. Aide aux autres	Les deux apprécient de s'exprimer par le canal émotionnel, parfois avec emphase.	Le 4 trouve que la vie émotionnelle du 2 manque de profondeur. Le 2 trouve que le 4 est trop centré sur son nombril.
3. Quête de victoire	Les deux sont très sensibles au regard des autres.	Le 3 se détourne de sa vie émotionnelle alors que le 4 en fait le centre de son existence. Le 4 trouve donc que le 3 manque de présence, et le 3 est gêné par les comportements peu conventionnels du 4.
4. Originalité	Il y a compréhension mutuelle et possibilité de partager des goûts originaux.	L'autre est vu comme bourré de défauts quand il est là, et comme le seul à pouvoir apporter certaines qualités quand il n'est plus là. Les émotions sont excessives. Le quotidien devient vite trop ordinaire.
5. Explication du monde	Les deux cherchent le sens de la vie et cultivent la vie intérieure.	Le 5 a beaucoup de difficultés à comprendre le centre émotionnel du 4, et inversement, le 4 a beaucoup de difficultés à comprendre le centre mental du 5. Le 4 accepte mal, dans son besoin d'attention, l'isolement du 5.
6. Quête d'approbation	Les deux partagent un sens d'être à part. Le 4 se synchronise à la souffrance émotionnelle du 6 et le 6 voit le 4 comme une victime à secourir.	Chacun est marqué par un manque d'estime de soi qui peut parasiter la relation.
7. Optimisme	Chacun est un univers profondément différent pour l'autre et une possibilité de rencontre originale. Les deux recherchent l'intensité dans la relation.	Le 7 a beaucoup de mal avec les émotions négatives du 4. Le 7 fonctionne selon un schéma « attirance puis fuite » tandis que le 4 fonctionne sur un schéma « aversion puis manque ».
8. Recherche de pouvoir	Le 4 est sensible à la puissance du 8. Le 8 est sensible à la finesse du 4. Aucun des deux n'aime les règles et les conventions.	Face à la déprime du 4, le 8 se retire au lieu de répondre à ce besoin d'attention exprimé indirectement.
9. Quête d'harmonie	Le 4 apprécie l'acceptation inconditionnelle du 9 à son égard.	Le manque d'implication du 9 agace le 4 et le 9 souffre alors de ne pas être accepté sans condition. Chacun rejette ses problèmes relationnels sur l'autre.

5. Explication du monde

Face à	Éléments positifs	Éléments perturbateurs
1. Perfectionnisme	Les deux ont tendance à mettre leurs émotions de côté. La relation est froide et rationnelle.	Le 1 peut interpréter les silences du 5 comme des jugements négatifs à son encontre. Le 5 a du mal à supporter que le 1 lui dise ce qu'il a à faire.
2. Aide aux autres	Les deux se complètent mais la relation est souvent minimale, faute de terrain commun, et peut être très conflictuelle.	Le 5 se referme sur lui-même quand le 2 essaie de satisfaire ses besoins.
3. Quête de victoire	Il y a partage des rôles, le 3 étant axé sur les relations sociales et le 5 sur le contenu. Il n'y a de part et d'autre que peu d'émotions exprimées.	Le 5 ne supporte pas que le 3 fasse semblant de savoir des choses alors que ce n'est qu'un vernis superficiel, et trouve parfois ses agissements « creux ».
4. Originalité	Les deux cherchent le sens de la vie et cultivent la vie intérieure.	Le 5 a beaucoup de difficultés à comprendre le centre émotionnel du 4 et inversement, le 4 a beaucoup de difficultés à comprendre le centre mental du 5. Le 4 accepte mal, dans son besoin d'attention, l'isolement du 5.
5. Explication du monde	Aucun ne tente d'envahir le château fort de l'autre. Il y a peu d'implication émotionnelle. La relation s'appuie beaucoup sur du non-verbal.	Il y a risque de relation très froide et déshumanisée.
6. Quête d'approbation	Les deux cherchent à établir des relations durables et fonctionnent dans le mental, sans trop d'émotions.	Le 6 a des soupçons quand le 5 se met trop en retrait. Les changements de comportement imprévisibles du 6 déconcertent le 5.
7. Optimisme	Le 7 amène des idées et le 5 les explore à fond.	Le 7 s'ennuie du manque de variété du 5 et cherche des stimulations à l'extérieur. Le 5 trouve le 7 superficiel et se ressource intérieurement.
8. Recherche de pouvoir	Les deux sont très indépendants. Le 5 sait garder les secrets que lui confie le 8.	Si le 5 est refermé sur lui-même, le 8 veut explorer les choses dans les moindres détails (désintégration) et devient intrusif, ce que le 5 ne supporte pas.
9. Quête d'harmonie	Forte communication non verbale. Aucun des deux n'apprécie le conflit.	Risque de manque d'implication.

6. Quête d'approbation

Face à	Éléments positifs	Éléments perturbateurs
1. Perfectionnisme	Les deux donnent une grande importance à la valeur « travail » et partagent une vision de ce qui ne va pas.	Les deux doutent d'eux-mêmes et peuvent retarder une décision, conduisant à un certain immobilisme. Si le 1 prend une position jugée autoritariste par le 6, il peut déclencher chez ce dernier une réaction de résistance.
2. Aide aux autres	Les deux aiment les rôles de second plan, en soutien de la réussite d'un autre. L'alliance fonctionnera bien si celui qu'on veut faire réussir est une tierce personne.	Le côté manipulateur du 2 réveille la paranoïa du 6. Le 2 trouve le 6 trop cérébral.
3. Quête de victoire	Il est important de discuter ensemble des doutes et hésitations du 6, car ils stressent fortement le 3.	Le côté caméléon du 3 fait douter le 6 de son honnêteté. Le 3 oublie ses échecs, le 6 oublie ses succès.
4. Originalité	Les deux partagent un sens d'être à part. Le 4 se synchronise à la souffrance émotionnelle du 6 et le 6 voit le 4 comme une victime à secourir.	Chacun est marqué par un manque d'estime de soi qui peut parasiter la relation.
5. Explication du monde	Les deux cherchent à établir des relations durables et fonctionnent dans le mental, sans trop d'émotions.	Le 6 a des soupçons quand le 5 se met trop en retrait. Les changements de comportement imprévisibles du 6 déconcertent le 5.
6. Quête d'approbation	Tendance à s'unir contre un monde hostile avec un soutien mutuel. La routine est rassurante.	La boucle de suspicion est mutuelle.
7. Optimisme	Les deux fonctionnent dans le mental, sans trop d'émotions.	Le 7 se centre sur ce qui va bien, tandis que le 6 se préoccupe de ce qui va mal. Le 6 attend de la loyauté là où le 7 ne souhaite pas trop s'impliquer.
8. Recherche de pouvoir	Le 6 recherche le côté protecteur du 8. Pour les deux, le monde est dangereux. Le 8 est plus dans l'action, le 6 plus dans la stratégie.	Le 8 peut considérer le 6 comme un faible. Le 6 peut considérer le 8 comme agressif et brutal, une autorité abusive contre laquelle il faut se dresser.
9. Quête d'harmonie	Pour les deux, évitement de la colère et du conflit.	L'inaction du 9 induit des doutes chez le 6. Aucun n'essaie d'être entraînant pour l'autre.

7. Optimisme

Face à	Éléments positifs	Éléments perturbateurs
1. Perfectionnisme	Le 1 apprécie la spontanéité et la bonne humeur du 7. Le 7 apprécie le sens de l'engagement et la rigueur du 1.	Le 7 veut s'amuser alors que le 1 veut travailler. Le manque d'implication du 7 est insupportable pour le 1. En retour, le 7 trouve que le 1 est rigide et pas très malin.
2. Aide aux autres	Les deux partagent un grand optimisme. Le côté séducteur du 7 attire le 2, qui en retour peut aider le 7 dans la concrétisation des projets.	Le manque d'implication émotionnelle du 7 perturbe le 2. Le 7 se sent piégé par les manipulations du 2 en vue d'obtenir de l'attention.
3. Quête de victoire	Il y a convergence dans l'optimisme et le souci de son image. Les relations sont dans les deux cas superficielles.	La tendance à cacher les difficultés étant forte, de gros problèmes peuvent survenir sans avoir été suffisamment anticipés.
4. Originalité	Chacun est un univers profondément différent pour l'autre et une possibilité de rencontre originale. Les deux recherchent l'intensité dans la relation.	Le 7 a beaucoup de mal avec les émotions négatives du 4. Le 7 fonctionne selon un schéma « attirance puis fuite » tandis que le 4 fonctionne sur un schéma « aversion puis manque ».
5. Explication du monde	Le 7 apporte des idées et le 5 les explore à fond.	Le 7 s'ennuie du manque de variété du 5 et cherche des stimulations à l'extérieur. Le 5 trouve le 7 superficiel et se ressource intérieurement.
6. Quête d'approbation	Les deux fonctionnent dans le mental, sans trop d'émotions.	Le 7 se centre sur ce qui va bien, tandis que le 6 se préoccupe de ce qui va mal. Le 6 attend de la loyauté là où le 7 ne souhaite pas trop s'impliquer.
7. Optimisme	Chacun trouve en l'autre un « camarade de jeu ».	Chacun joue sa propre partie sans vraiment se soucier de l'autre.
8. Recherche de pouvoir	Les deux sont indépendants et n'attendent pas grand-chose des autres.	Le 7 ne supporte pas la volonté de contrôle du 8. Le 8 voit dans les tentatives de rationalisation du 7 des tentatives de lui dissimuler quelque chose.
9. Quête d'harmonie	Le 9 peut suivre le 7 dans ses aventures mais retombe dans l'inaction si le 7 ne prend pas soin d'entretenir son mouvement. Les deux cherchent à éviter la souffrance.	Les deux ont de grosses difficultés à prendre des décisions. Le 7 trouve le 9 trop lent, le 9 trouve le 7 trop rapide.

8. Recherche de pouvoir

Face à	Éléments positifs	Éléments perturbateurs
1. Perfectionnisme	La force du 8 pallie l'indécision du 1. Le contrôle de soi et les valeurs morales du 1 réfrènent les excès du 8.	Le 1 est outré par le fait que le 8 s'asseye sur les valeurs morales. La relation est marquée de nombreuses colères.
2. Aide aux autres	Les deux apprécient le contact. Le 8 aime contrôler et le 2 aime être en soutien.	Le 8 peut trouver que le 2 n'établit pas de frontière suffisamment nette entre amis et ennemis, bons et méchants.
3. Quête de victoire	L'émotion s'exprime difficilement dans les deux cas. Les deux sont actifs, dans deux formes complémentaires d'énergie.	Le 8 comprend mal le souci d'image du 3, qui a parfois du mal à accepter les façons brusques du 8.
4. Originalité	Le 4 est sensible à la puissance du 8. Le 8 est sensible à la finesse du 4. Aucun des deux n'aime les règles et les conventions.	Face à la déprime du 4, le 8 se retire au lieu de répondre à ce besoin d'attention exprimé indirectement.
5. Explication du monde	Les deux sont très indépendants. Le 5 sait garder les secrets que lui confie le 8.	Si le 5 est refermé sur lui-même, le 8 veut explorer les choses dans les moindres détails (désintégration) et devient intrusif, ce que le 5 ne supporte pas.
6. Quête d'approbation	Le 6 recherche le côté protecteur du 8. Pour les deux, le monde est dangereux. Le 8 est plus dans l'action, le 6 plus dans la stratégie.	Le 8 peut considérer le 6 comme un faible. Le 6 peut considérer le 8 comme agressif et brutal, une autorité abusive contre laquelle il faut se dresser.
7. Optimisme	Les deux sont indépendants et n'attendent pas grand-chose des autres.	Le 7 ne supporte pas la volonté de contrôle du 8. Le 8 voit dans les tentatives de rationalisation du 7 des tentatives de lui dissimuler quelque chose.
8. Recherche de pouvoir	Les discussions sont animées et le ton monte vite. S'ils s'identifient réciproquement comme « amis », tout va bien.	Chacun classe l'autre dans le camp de « l'ennemi ». Aucun ne tient compte de son impact potentiel sur l'autre.
9. Quête d'harmonie	Le 8 aide le 9 à se mettre en mouvement tandis que le 9 tempère le 8.	La force d'action du 8 se heurte à l'inertie du 9. Personne ne cède.

9. Quête d'harmonie

Face à	Éléments positifs	Éléments perturbateurs
1. Perfectionnisme	Il y a de part et d'autre un goût du calme et de la routine. Le 1 aime le soutien qu'apporte le 9. Le 9 aime les cadres que lui apporte le 1.	Quand il faut agir, le 1 va de l'avant et le 9 résiste au mouvement. Plus le 1 tente de forcer le 9, plus ce dernier fait preuve de force d'inertie.
2. Aide aux autres	Il y a beaucoup de soutien et d'attention réciproque.	Le manque de réussite du 9, du fait de son manque d'implication, sur un sujet où le 2 apporte son soutien, peut décourager ce dernier. Les tentatives de contrôle de la relation par le 2 peuvent conduire le 9 à user de sa force d'inertie.
3. Quête de victoire	Le 3 fournit l'impulsion dont le 9 a besoin pour s'activer. Le 9 fournit le « bon public » dont le 3 a besoin.	Le 3 peut manquer de patience face à l'inertie du 9.
4. Originalité	Le 4 apprécie l'acceptation inconditionnelle du 9 à son égard.	Le manque d'implication du 9 agace le 4 et le 9 souffre alors de ne pas être accepté sans condition. Chacun rejette les problèmes relationnels sur l'autre.
5. Explication du monde	Forte communication non verbale. Aucun des deux n'apprécie le conflit.	Risque de manque d'implication.
6. Quête d'approbation	Pour les deux, évitement de la colère et du conflit.	L'inaction du 9 induit des doutes chez le 6. Aucun n'essaie d'être entraînant pour l'autre.
7. Optimisme	Le 9 peut suivre le 7 dans ses aventures mais retombe dans l'inaction si le 7 ne prend pas soin d'entretenir son mouvement. Les deux cherchent à éviter la souffrance.	Les deux ont de grosses difficultés pour prendre des décisions. Le 7 trouve le 9 trop lent, le 9 trouve le 7 trop rapide.
8. Recherche de pouvoir	Le 8 aide le 9 à se mettre en mouvement tandis que le 9 tempère le 8.	La force d'action du 8 se heurte à l'inertie du 9. Personne ne cède.
9. Quête d'harmonie	Grand potentiel de fusion réciproque.	Difficulté à percevoir ce qui est soi et ce qui est l'autre. Rien n'évolue, la routine s'installe.

Évaluation

Une analyse délicate

Lorsque vous cherchez à évaluer celui des neuf mécanismes à l'œuvre chez votre interlocuteur à un moment donné, il apparaît parfois de manière évidente, mais parfois, c'est le plus grand flou. Quoi de plus normal ? Ce que vous observez, ce sont des comportements qui, pour peu que la personne en face soit en pilote automatique, sont la conséquence d'un mécanisme donné. Or, plusieurs mécanismes peuvent provoquer un comportement similaire.

En fait, avec l'ennéagramme, la question n'est pas de savoir ce que nous faisons, mais bien pourquoi nous le faisons, quelle est la finalité inconsciente derrière nos choix. Aussi, c'est grâce à un faisceau de comportements militant dans le même sens qu'on peut inférer le mécanisme à l'œuvre, mais les erreurs sont fréquentes, et ce n'est qu'avec une bonne pratique qu'on devient de plus en plus précis et qu'on se trompe moins. Cette évaluation est une véritable enquête en temps réel ; elle demande de prendre en compte nombre de petits indices que seule une formation sérieuse et poussée peut vous permettre d'intégrer. Vous donner une recette toute faite pour effectuer ce diagnostic serait illusoire et dangereux, d'autant plus que nos propres mécanismes sont des filtres déformants influant sur les informations que nous prenons en compte pour poser nos hypothèses.

Apprendre à se connaître

À un premier niveau, attachez-vous donc à l'observation de vous-même pour mieux vous connaître et comprendre les mécanismes qui vous enchaînent ; si vous voulez pouvoir évaluer le fonctionnement de l'autre avec une fiabilité suffisante, suivez une formation longue de bon niveau sur le sujet, cet ouvrage n'étant qu'une introduction au sujet très vaste et très riche qu'est l'ennéagramme. Pour vous donner une idée, le cursus que je propose pour ma part dure jusqu'à trente jours pour ceux voulant aller jusqu'au fond des choses, et en trente jours, je ne répète jamais deux fois la même chose…

Les confusions dans la détermination d'un mécanisme à l'œuvre chez un interlocuteur sont nombreuses. Pour aider chacun à faire le tri entre plusieurs hypothèses, j'ai développé un outil que vous pourrez utiliser gratuitement sur Internet. Je l'ai baptisé « ennéascope ». À gauche, cliquez sur le premier mécanisme qui vous fait hésiter, à droite sur le second. Dans la fenêtre du milieu, des critères permettant de trancher vous sont proposés. N'hésitez pas à utiliser cet outil gratuit que vous trouverez sur : www.enneagramme-envolutif.com/formation-enneagramme-enneascope.html

À retenir de ce chapitre

- **Chaque mécanisme induit des comportements caractéristiques et des stratégies gagnantes de communication face à un interlocuteur qui le manifeste.**
- **Les interactions entre mécanismes, avec leurs zones de friction, sont prévisibles et nous permettent de comprendre ce qui se joue quand la communication dérape.**
- **L'évaluation du mécanisme à l'œuvre chez son interlocuteur est un acte délicat qui demande, pour être fiable, une très bonne connaissance de l'ennéagramme.**

CHAPITRE 9

AGIR ENSEMBLE EN ENTREPRISE AVEC L'ENNÉAGRAMME

Au programme

- Adapter les objectifs
- Exploiter les talents de chacun (outil)
- Savoir relancer la motivation (outil)

Adapter les objectifs

Dans un contexte professionnel, tout manager est régulièrement amené à fixer des objectifs à ses collaborateurs. Indépendamment du contenu de ces objectifs, intimement lié à la teneur de l'activité de l'entreprise et à sa stratégie, il existe différentes façons de faire passer le message, différents emballages ou contenants possibles pour un même contenu. Selon le mécanisme de prédilection de votre collaborateur, vous aurez intérêt à ajuster votre manière de faire passer les objectifs pour garantir son adhésion optimale.

Face à un collaborateur privilégiant le mécanisme **1. Perfectionnisme**, vous aurez intérêt à proposer les objectifs de telle sorte qu'ils soient bien clairs et surtout réalistes, sinon vous déclencherez une salve de critiques sur la faisabilité de ce qui est demandé, avec des résistances.

Face à un collaborateur privilégiant le mécanisme **2. Aide aux autres**, les objectifs proposés auront intérêt à être des objectifs collectifs qui laissent de la place pour que chacun puisse y contribuer en démontrant ses propres talents. Le fait que les objectifs soient importants trouvera un écho dans la tendance à l'orgueil du mécanisme 2.

Face à un collaborateur privilégiant le mécanisme **3. Quête de victoire**, il sera plus que jamais important que les objectifs soient spécifiques à lui seul et bien mesurables, afin que les victoires qu'il obtiendra en les réussissant puissent être dûment attestées sans ambiguïté. Les objectifs se devront d'être autant au service de sa réussite personnelle que de celle de l'entreprise.

Face à un collaborateur privilégiant le mécanisme **4. Originalité**, il sera important que les objectifs lui soient spécifiques, originaux, rien que pour lui. Ils se devront d'être ambitieux et stimulants pour flatter son goût des émotions fortes.

Face à un collaborateur privilégiant le mécanisme **5. Explication du monde**, vous vous devrez de poser des objectifs précis et réalistes pour éviter un effet de rejet de tout ce qui est flou. Une cible concrète et réaliste vous amènera la bonne adhésion de votre collaborateur.

Un collaborateur privilégiant le mécanisme **6. Quête d'approbation** sera particulièrement sensible au fait que les objectifs fixés soient crédibles pour tous, pour l'équipe comme pour les individus pris séparément.

Face à un collaborateur privilégiant le mécanisme **7. Optimisme**, l'adhésion se fera si les objectifs sont stimulants et tournés vers l'action, avec si possible une composante de jeu pour y parvenir. Plus les objectifs embarquent une composante visionnaire, plus votre collaborateur sera motivé.

Face à un collaborateur privilégiant le mécanisme **8. Recherche de pouvoir**, l'adhésion sera bonne à partir du moment où ce qui est demandé est susceptible d'avoir un impact stratégique pouvant faire évoluer l'entreprise.

Enfin, face à un collaborateur privilégiant le mécanisme **9. Quête d'harmonie**, une présentation aussi concrète que possible des missions proposées sera à viser, et les objectifs se devront d'apparaître consensuels.

Exploiter les talents de chacun (outil)

Bien que chacun de vos collaborateurs dispose a priori d'une palette de compétences étendues, du seul fait de la grande adaptabilité de l'espèce humaine dont témoigne son histoire, en fonction des mécanismes privilégiés que chacun préfère déployer, il existe des zones d'excellence en fonction du mécanisme, parce que la finalité de chaque mécanisme est en phase avec certaines activités particulières à l'intérieur d'un projet.

Je vous propose donc de faire un découpage classique du cycle de vie d'un projet pour examiner ensuite les zones d'excellence des neuf mécanismes possibles.

Étapes d'un projet et mécanismes

Phase de préparation

Quand vous démarrez un projet, la première étape consiste à **analyser la situation.** Il s'agit alors de recueillir de l'information, d'en faire la synthèse et de présenter les résultats à d'autres. À cette étape, il serait particulièrement judicieux que vous fassiez appel aux mécanismes **5. Explication du monde** ou **6. Quête d'approbation**, à l'intérieur de vous ou chez vos collaborateurs, pour obtenir les meilleurs résultats.

Sur la base de ce qui a été analysé, il va ensuite s'agir d'**innover**, c'est-à-dire de faire émerger de nouvelles idées et de nouveaux concepts. Durant cette phase, vous aurez avantage à mettre en œuvre les mécanismes **4. Originalité** ou **7. Optimisme**, « champions du *brain-storming* ».

Avoir des idées, c'est bien, mais il faut les **promouvoir**, c'est-à-dire convaincre les commanditaires pour obtenir des ressources matérielles, financières ou en affectation d'équipe pour pouvoir aller plus loin. À ce stade, on peut faire confiance aux mécanismes **3. Quête de victoire** et **8. Recherche de pouvoir** pour obtenir les meilleurs résultats.

Phase de mise en œuvre

Il faut alors transformer l'idée en solution réalisable, la **développer**, et le mécanisme **5. Explication du monde** sera le plus efficace pour y parvenir.

La solution, une fois posée, demandera à mettre en place des structures pour que tout puisse fonctionner ensemble, à **organiser**, et **2. Aide aux autres** ou **6. Quête d'approbation** sauront s'y prendre comme personne pour y parvenir.

Restera alors à **produire**, à réaliser le produit final en quantité. Les mécanismes les plus productifs seront **1. Perfectionnisme** et **3. Quête de victoire**.

Phase de contrôle

Enfin, pour bien faire, il faudra prendre garde à **contrôler** la qualité de ce qui est produit, pour s'assurer que tout est conforme aux attentes. Nul mécanisme n'inspecte mieux que **1. Perfectionnisme** et **6. Quête d'approbation**.

Enfin, face aux inévitables « grains de sable » dans le système, il faudra penser à **maintenir**, à garantir le bon fonctionnement des infrastructures, ou, dans certains cas, à assurer le service après-vente. Le mécanisme **9. Quête d'harmonie**, dans son souci de maintenir les choses en équilibre, trouvera dans cette tâche des applications évidentes.

Pour garantir l'enchaînement fluide de toutes ces étapes et coordonner les membres de l'équipe, la fonction de **relier** fait sentir sa nécessité. Les mécanismes les plus efficaces dans cette fonction, dans des styles très différents, sont **2. Aide aux autres** et **8. Recherche de pouvoir**.

Synthèse

D'un point de vue synthétique, ce découpage du cycle de vie d'un projet peut prendre l'allure suivante :

Cycle de vie d'un projet

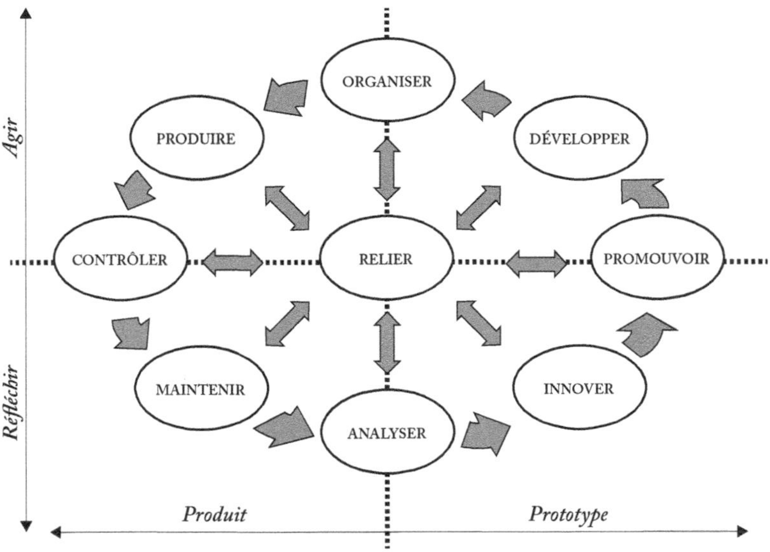

En termes de zone d'excellence pour chaque mécanisme, on peut proposer la matrice du tableau de la page suivante, dans laquelle les « soleils » marquent les zones de prédilection (tout en gardant en tête que d'autres mécanismes peuvent aussi aboutir à de bons résultats).

Les zones de prédilection

Mécanismes / Zones de prédilection	1	2	3	4	5	6	7	8	9
Analyser					☼	☼			
Innover				☼			☼		
Promouvoir			☼					☼	
Développer					☼				
Organiser		☼				☼			
Produire	☼		☼						
Contrôler	☼					☼			
Maintenir									☼
Relier		☼						☼	

Savoir relancer la motivation (outil)

Des facteurs différents

En fonction du mécanisme privilégié par votre collaborateur, il sera sensible dans son environnement de travail à des éléments de motivation différents, qui peuvent d'ailleurs être à l'opposé l'un de l'autre en fonction du mécanisme considéré.

Il y aura donc, en fonction de l'individu, des facteurs qui « portent », qui boostent la motivation, et d'autres qui posent un frein. On constate que les facteurs qui freinent, dans le concret, sont ceux qui sont valorisés dans le cadre du mécanisme de désintégration (extrémité de la flèche décrite dans le cadre du chapitre 4).

Contrer l'essoufflement

On constate un autre phénomène, celui d'essoufflement. Maintenu trop longtemps dans certains critères qui au début le motivaient, votre collaborateur va finir par perdre de sa motivation. Pour l'aider à rebondir, le bon sens veut que vous changiez alors quelque chose. Oui, mais quoi ? On a vu que certains facteurs avaient un effet de frein… On constate sur le terrain que les critères valorisés dans le cadre d'une logique d'intégration (origine de la flèche dont un mécanisme considéré est l'extrémité, voir toujours le chapitre 4) ont un effet remotivant.

Si on exploite ce constat, issu de la structure même de l'ennéagramme, sur chacune des possibilités, on arrive aux conseils avisés que je vous présente ci-dessous sous une forme pratique afin d'en faire un outil d'aide au management.

1. Perfectionnisme

Frein à la motivation	Environnement favorable à la motivation	Symptôme d'essoufflement	Facteur de relance de la motivation
Un environnement trop transgressif, c'est-à-dire avec de fréquentes remises en cause des règles établies.	Un climat qui favorise la rigueur et les règles.	La focalisation extrême sur les résultats devient un frein.	Introduire la notion de plaisir à faire les choses.

2. Aide aux autres

Frein à la motivation	Environnement favorable à la motivation	Symptôme d'essoufflement	Facteur de relance de la motivation
Un contexte trop individualiste, dans lequel c'est « chacun pour soi ».	Un climat qui favorise la collaboration entre les individus et les règles.	L'attachement aux règles devient un frein.	Introduire de la souplesse et du changement dans l'organisation.

3. Quête de victoire

Frein à la motivation	Environnement favorable à la motivation	Symptôme d'essoufflement	Facteur de relance de la motivation
Un environnement avec des règles trop strictes qui ne permettent pas de se démarquer.	Un climat qui favorise l'individualisme et la souplesse de fonctionnement.	La trop grande indépendance devient un frein.	Mettre en avant l'importance et l'intérêt des valeurs de collaboration.

4. Originalité

Frein à la motivation	Environnement favorable à la motivation	Symptôme d'essoufflement	Facteur de relance de la motivation
Un environnement trop structuré et trop régulé.	Un climat qui permet des espaces de liberté et une composante d'originalité.	L'originalité peut marginaliser et devenir un frein.	Renforcer l'importance des règles comme clef de fonctionnement du groupe.

5. Explication du monde

Frein à la motivation	Environnement favorable à la motivation	Symptôme d'essoufflement	Facteur de relance de la motivation
Un cadre qui propose des objectifs trop superficiels, manquant de profondeur.	Un climat qui encourage la recherche de résultats en profondeur.	Le souci d'aller au fond du fond des choses devient un frein.	Introduire la notion de plaisir à faire les choses.

6. Quête d'approbation

Frein à la motivation	Environnement favorable à la motivation	Symptôme d'essoufflement	Facteur de relance de la motivation
Un environnement trop individualiste, dans lequel c'est « chacun pour soi ».	Un climat de collaboration entre les individus.	Tendance à « partir en croisade », à devenir agressif et à entrer en compétition avec les autres.	Renforcer le climat de collaboration dans le groupe.

7. Optimisme

Frein à la motivation	Environnement favorable à la motivation	Symptôme d'essoufflement	Facteur de relance de la motivation
Un environnement avec trop de contraintes et de règles auxquelles se plier.	Un climat qui inclut une dimension ludique, une composante de jeu.	La surexcitation peut devenir un frein.	Introduire la notion d'accomplissement, d'importance d'aller au fond des choses.

8. Recherche de pouvoir

Frein à la motivation	Environnement favorable à la motivation	Symptôme d'essoufflement	Facteur de relance de la motivation
Un environnement qui impose trop de rigueur.	Un climat individualiste dans lequel on puisse se faire plaisir. De l'énergie dans l'entreprise.	L'individualisme devient un frein.	Renforcer le climat de collaboration dans le groupe.

9. Quête d'harmonie

Frein à la motivation	Environnement favorable à la motivation	Symptôme d'essoufflement	Facteur de relance de la motivation
Un environnement trop individualiste où on ne tient pas assez compte de l'harmonie.	Un climat qui favorise la collaboration et les règles.	La tendance à chercher le consensus devient un frein.	Mettre en avant les valeurs de réussite individuelle, qui sortent des sentiers battus.

À retenir de ce chapitre

- **En fonction du mécanisme ennéagramme majoritaire qu'utilise votre collaborateur, vous pourrez maximiser l'adhésion aux objectifs que vous fixez en adaptant la manière de les présenter.**
- **Si on établit un découpage entre fonctions clefs à l'intérieur du cycle de vie d'un projet, chaque mécanisme est plus ou moins bien adapté selon les fonctions, et on aura intérêt à solliciter les meilleurs mécanismes à l'endroit où ils permettent l'excellence.**
- **En fonction du mécanisme ennéagramme majoritaire qu'utilise votre collaborateur, les facteurs de motivation, les freins à la motivation et les facteurs de relance varient, et vous devez en tenir compte pour amener votre collaborateur au meilleur de lui-même.**

CHAPITRE 10

PRATIQUES POUR ÉQUILIBRER VOTRE PROFIL

Au programme

- 1. Perfectionnisme
- 2. Aide aux autres
- 3. Quête de victoire
- 4. Originalité
- 5. Explication du monde
- 6. Quête d'approbation
- 7. Optimisme
- 8. Recherche de pouvoir
- 9. Quête d'harmonie

1. Perfectionnisme

À travers les comportements qui sont caractéristiques de ce mécanisme, on aura compris que la passion associée au perfectionnisme, c'est la colère. Colère issue d'une perception du monde pour laquelle rien n'est jamais comme il faut, où rien n'est à la place qu'il faudrait.

La question sous-jacente est celle de la rigidité. Rigidité d'un point de vue dans lequel il n'y a qu'une bonne chose à faire et dont nous serions détenteur. Aussi va-t-il être important de travailler sur deux axes majeurs : la relativisation du point de vue et la capacité à lâcher prise. Voici quelques suggestions d'exercices qui pourront vous y aider.

L'exercice qu'il FAUT faire à tout prix

Avez-vous remarqué à quel point vous utilisez souvent des formules exprimant une nécessité ou une impossibilité absolues, comme « il faut que... » ou bien « on doit... » ou encore « il n'est pas possible que... » ? La PNL appelle ces structures de langage des « opérateurs modaux ».

Prenez de quoi noter (un papier et un crayon pour les plus classiques, une tablette pour les plus « numériques »), et écrivez dix affirmations que vous pensez sincèrement, qui ont à voir avec votre vie personnelle ou professionnelle, et qui répondent à la structure évoquée :

- Il faut que je...
- Je dois...
- Il n'est pas possible que je...
- Il faut que...
- Je ne peux pas...
- Je dois vraiment...
- Il me faut...
- On ne doit jamais...
- Il ne m'est pas possible de...
- Je ne dois pas...

Pour chacune des affirmations, posez-vous la question : « Que se passerait-il si je ne le faisais pas ? » ou bien « Que se passerait-il si je le faisais quand même ? », selon la formule. Prenez le temps de méditer sur la réponse à ces questions !

Exemples

- « Il faut que je fasse bonne figure » appelle la question «Que pourrait-il se passer si je ne faisais pas bonne figure ? »
- « Je ne peux pas laisser ma sœur rentrer de la gare seule » appelle la question « Que pourrait-il se passer si la prochaine fois je ne l'accompagne pas ? »

S'autoriser le plaisir

Un bon équilibre de vie, c'est aussi prendre son plaisir et son bien-être au sérieux ! Utilisez donc aussi votre rigueur pour prendre vraiment soin de vous.

Choisissez une petite chose que vous pouvez faire au quotidien, qui ne coûte rien ou pas grand-chose, que vous auriez envie de faire et qui vous ferait potentiellement du bien. Vous aurez à cœur, en employant toute la fiabilité dont vous êtes capable, de faire cette chose sans défaillance durant une semaine entière. À la fin de la semaine, faites le bilan. Comment vous sentez-vous ?

Sortir du jugement

Il n'est pas rare que l'utilisation du mécanisme « Perfectionnisme » s'assortisse d'une tendance à juger les faits, les gens et les choses de manière excessive. Il peut être bon de relativiser son point de vue.

Au fil de la journée, observez les situations dans lesquelles vous portez un jugement négatif sur une situation ou un individu. Notez vos jugements :

Jugement 1 : ...

Jugement 2 : ...

Jugement 3 : ...

Pour chacun des jugements que vous aurez collectés, choisissez cinq personnes de votre entourage qui ne vous ressemblent pas dans leur manière d'agir et de penser et, pour chacune d'entre elles, imaginez la manière dont elle jugerait chaque situation. Ces points de vue ne sont-ils pas tout aussi plausibles que votre angle habituel ?

Exemple

> **Il ne fait pas de sport. Je juge qu'il se néglige. Qu'en dirait mon cousin, ma mère, mon voisin, ma fille, mon collaborateur ?**

Oui, mais…

Subtilement, dans une phrase, « mais » est un tueur discret. Quand vous entendez « mais », c'est comme si tout ce qui avait été dit dans la phrase avant ce mot n'avait plus de valeur et pouvait passer aux oubliettes !

Exemple

> **« Nous avons passé une très bonne soirée, mais il faisait froid. » Que retient-on de cette phrase ? Que le narrateur a eu froid et donc que sa soirée n'était pas très agréable, annulant l'affirmation « une très bonne soirée » !**

Observez-vous au cours de votre vie quotidienne et soyez à l'écoute des « mais » dans vos phrases. À chaque fois que vous pensez « mais », développez le réflexe d'utiliser « et » à la place. Vous verrez que votre vision du monde en sera rapidement changée.

Dans notre exemple, ceci donnerait :

« Nous avons passé une très bonne soirée et il faisait froid. » Ressentez-vous à présent comme la bonne soirée et le froid peuvent coexister sans que le froid annule la satisfaction de la fête ?

Développer sa souplesse

Le corps et l'esprit se répondent. Une rigidité mentale s'exprime en rigidité corporelle, et inversement. Toutes les pratiques physiques qui vont assouplir votre corps sont bienvenues.

Vous pouvez faire des étirements, du stretching, du yoga, mais aussi des activités comme la pratique d'une danse artistique, par exemple, pour laquelle il faut allier la rigueur que vous possédez déjà à la capacité à arrondir son mouvement afin que le résultat soit esthétique et ne rappelle pas une démarche d'automate.

2. Aide aux autres

Ce mécanisme génère la croyance inconsciente que pour recevoir de l'amour, il faut d'abord en donner. Dans une peur infondée d'être indigne d'amour, il s'agit de s'assurer qu'on en donne suffisamment pour garantir d'en recevoir. Et le meilleur moyen d'en donner, c'est d'être entièrement orienté vers la satisfaction des besoins de l'autre, au détriment des nôtres.

Aussi va-t-il être important de travailler sur deux axes majeurs : ne pas nécessairement vouloir aider l'autre à tout prix et écouter ses besoins. Voici quelques suggestions d'exercices qui pourront vous y aider.

Le syndrome du sauveur

Le « triangle dramatique », qui a été particulièrement étudié par Karpman dans le cadre de l'analyse transactionnelle, propose un modèle efficace des rôles que l'on peut inconsciemment prendre dans un échange. Trois rôles se distinguent : le Persécuteur, le Sauveur et la Victime. Le Persécuteur rabaisse et écrase la Victime ; la Victime subit ; le Sauveur vient la sauver. Souvent, le mécanisme « Aide aux autres » pousse à se placer en sauveur d'un interlocuteur qui n'en a pas besoin et qui pourra alors percevoir l'attitude comme de la persécution. Il est bon d'apprendre à ne pas coiffer la casquette du sauveur trop rapidement.

Dans la vie de tous les jours, observez les situations dans lesquelles vous volez au secours de votre interlocuteur ou, du moins, dans lesquelles vous avez un élan pour lui venir en aide. Dans chaque situation, avant de passer à l'acte, installez comme un automatisme la question suivante : « Cette personne m'a-t-elle demandé de l'aide ? Y a-t-il une demande dans ses propos ou juste un constat ? » En effet, si la personne vous dit, par exemple : « J'ai besoin que tu me donnes la main pour traverser », il y a une demande claire. En revanche, si elle vous dit : « J'ai du mal à trouver l'équilibre pour traverser cette passerelle », c'est un constat qui ne sous-entend pas forcément qu'elle attend votre main. Dans ce cas de figure, il serait probablement bon de répondre par la phrase « Est-ce que tu veux ma main ? » pour éventuellement la tendre en fonction de la réponse, plutôt que de la tendre d'office...

Dans toutes les situations, apprenez donc à vous poser la question : « Mon interlocuteur m'a-t-il fait une demande ? »

La lecture de pensées

La lecture de pensées, c'est le phénomène qui consiste à prêter à l'autre un sentiment ou un état, sans avoir d'éléments objectifs pour étayer cette hypothèse. Parfois c'est une intuition juste, mais souvent cela ne correspondra pas à ce que l'autre pense ou ressent en réalité.

À chaque fois que vous pensez savoir ce qui se passe dans la tête de l'autre, posez-vous la question de savoir comment vous avez eu accès à cette information. Quels sont les éléments qui vous permettent une telle affirmation concernant ce qui se passe à l'intérieur de l'autre ?

Apprenez à cultiver le doute et à poser des questions pour valider vos hypothèses. Sinon, vous risquez d'« entendre » des appels à l'aide qui n'en sont pas !

Savoir rester seul

Vous pourriez aussi avoir tendance à chercher à tout prix une compagnie « à aider » et mal supporter les moments de solitude, quand il n'y a plus personne au service de qui agir.

Il est bon d'apprendre à agir seul parfois. Identifiez des activités qui ne se font pas nécessairement à plusieurs et que vous appréciez. Installez des plages dans votre emploi du temps pour vous y adonner, mais sans compagnie.

Vous découvrirez ainsi la facette positive de faire des choses uniquement pour soi et pas pour l'autre.

Écouter ses propres besoins

Prenez de quoi noter et faites la liste de toutes les choses dont vous avez besoin : dormir, boire, manger…

Face à chacun de ces besoins identifiés, mettez une note de 1 à 10, qui indiquera à quel niveau vous comblez votre besoin.

Exemple

> **Vous avez besoin de dormir, nous en avons tous besoin. Si votre équilibre est à 8 h par nuit et que vous dormez tous les jours 8 bonnes heures, vous pouvez noter 10/10. En revanche, si vous ne dormez bien qu'une nuit sur deux parce qu'il y a des choses qui vous semblent plus importantes à gérer avant, votre score devrait être très bas.**

Prenez tout le temps qu'il vous faudra pour lister tous les besoins qui vous viendront à l'esprit et pour noter de 1 à 10 la façon dont vous les comblez.

Sur les scores trop bas (en dessous de 8), réfléchissez à ce que vous pourriez faire pour rehausser la note.

Pour vous aider dans votre réflexion, voici une liste de besoins classiques :

- dormir
- manger
- se laver
- avoir des contacts physiques
- échanger verbalement

- créer
- socialiser
- partager un point de vue
- avoir une activité physique
- se ressourcer
- ...

Respirer profondément

Il se pourrait que parfois, si « Aide aux autres » est trop présent, on puisse vous surprendre en apnée tandis que vous êtes à l'écoute de l'autre. Vous êtes tellement concentré sur l'autre, et vous êtes quant à vous tellement certain de n'avoir « besoin de rien », que vous n'auriez même pas besoin de respirer...

En règle générale, ce mécanisme entraîne une respiration haute, au niveau de la poitrine, car elle facilite la parole, vecteur d'entrée en contact avec l'autre.

Faîtes descendre votre respiration et respirez avec le ventre, ce qui sera propice à l'entrée en contact avec vos propres besoins, viscéraux.

3. Quête de victoire

Dans une croyance profonde que le monde nous récompense pour ce que l'on fait et pas pour ce qu'on est, ce mécanisme cherche à établir notre valeur sur la base de nos réalisations. La préoccupation principale devient donc de gagner, de s'élever sans cesse sur l'échelle du succès, chaque victoire n'étant qu'un prétexte pour mettre la barre plus haut. On comprend donc aisément que « Quête de victoire » implique des personnes très actives, avec toujours un but à atteindre, quand ce n'est pas plusieurs en même temps. Gagner devient parfois tellement important qu'il n'y a plus de vie privée. Les espaces vides ont quelque chose d'angoissant. Il devient difficile de développer des relations vraiment profondes avec les autres ou soi-même.

Avant toute chose : ralentir

Ne vous dit-on jamais que vous êtes toujours « à 100 à l'heure », que vous ne vous arrêtez jamais ? Un tel rythme présente des avantages, c'est vrai, mais attention de ne pas foncer pied au plancher vers le burn-out !

Ralentir est peut-être un challenge, mais vous adorez les défis. Saurez-vous relever celui-ci ?

N'hésitez pas à installer dans votre esprit cette petite voix qui, comme une musique, vous répète mélodieusement : « Prends ton temps, prends ton temps. »

Quand vous êtes fatigué – cela arrive même aux meilleurs ! –, quels sont les messages que votre corps vous envoie ? Prenez de quoi noter et faites la liste des signes qui indiquent la baisse de régime.

Devenez le champion de la détection de ces signaux. Personne ne doit pouvoir rivaliser avec vous dans la capacité à les voir venir de loin.

Quand les signes de fatigue apparaissent, levez le pied. Il sera toujours plus efficace de ralentir tout en continuant à avancer que de se retrouver en panne au bord de la route. Avez-vous jamais entendu parler du lièvre et de la tortue ?

Ne pas se comparer tout le temps

Avez-vous remarqué chez vous une tendance à compter les points en toute situation, de sorte que vous sachiez dans votre tête si vous avez gagné ou perdu ? Parfois pour des choses très curieuses, par exemple un défi intérieur consistant à tondre votre pelouse plus rapidement que votre voisin et dont vous seriez le seul à savoir que vous l'avez gagné...

Si vous prenez conscience que vous vivez ce genre de phénomènes, peut-être serait-il bon d'arrêter de vous comparer tout le temps, en toutes circonstances, aux autres. En effet, si la compétition est en certaines occasions une bonne chose, il est des situations où cet état d'esprit pourrait être un frein particulièrement puissant à l'établissement de rapports authentiques avec autrui.

Si compter les points vous est naturel, que diriez-vous de ce challenge : durant la journée, repérez toutes les situations dans lesquelles vous pourriez établir un décompte face à vos interlocuteurs qui seraient potentiellement en concurrence avec vous sur un sujet quelconque (qu'il s'agisse de faire un bon plat ou le plein d'essence, les occasions de se mesurer à l'autre ne manquent pas). Si vous ne cherchez pas à savoir qui a gagné dans la situation, vous marquez un point. Votre adversaire, ici, ce sera vous-même. Saurez-vous faire monter le score au fil des jours et battre vos records ?

Savoir prendre le risque de s'affirmer sans garantie

Quand vous rencontrez des situations durant lesquelles il faut donner son avis et s'affirmer, il est fort probable que, avant de les verbaliser, vous aurez besoin de savoir que vos arguments sont solides ou en phase avec les attentes des autres. Ainsi, lors d'un tour de table, probablement serez-vous le dernier à prendre la parole, après avoir mesuré les arguments des uns et des autres, étant rassuré quant au fait que quelqu'un d'autre dans l'assistance ne va pas surenchérir après vous avec des arguments pouvant vous mettre en porte à faux.

À chaque fois que vous serez confronté à de telles situations d'échange, essayez de prendre la parole en premier, même si cela n'est pas toujours rassurant.

Ne pas oublier de célébrer ses succès

Les victoires, vous les collectionnez. Mais est-ce que vous prenez le temps de les célébrer ? Il y a fort à parier que, bien souvent, à peine un objectif atteint, déjà vous vous remettez en route vers une prochaine conquête. Il est pourtant très important de prendre le temps nécessaire pour savourer sa victoire. Sinon, c'est un peu comme si vous aviez déployé une grande énergie pour sortir de chez vous afin d'aller acheter un bon gâteau chez le pâtissier, pour finalement ressortir de la boutique en laissant votre achat sur le comptoir !

Installez dans votre vie le principe de célébration. À chaque fois que vous réussissez quelque chose, prenez le temps nécessaire (qui peut être variable de quelques secondes à plusieurs jours, selon l'ampleur de la victoire) pour apprécier le résultat avant de foncer vers d'autres défis. Vous n'en aurez que plus d'énergie pour vos prochains challenges !

Réaliser des choses qui ne servent à rien

Sortez de l'utilitarisme, de la rentabilité. Prenez du temps pour réaliser des choses qui ne servent à rien. Lancez-vous dans une activité artistique, non pas dans l'intention de faire une œuvre d'art qui mettra en admiration tout votre entourage, mais pour laisser s'exprimer votre créativité débridée.

Vous dessinez très mal ? N'hésitez pas pour autant à faire de la peinture si l'envie vous en dit. L'enjeu n'est pas ici d'exposer dans une galerie et d'obtenir des éloges de la part des critiques artistiques. L'enjeu est d'être avec vous-même, dans le processus d'expression de ce qui vient du fond de vous-même. Vous n'êtes pas obligé de montrer le résultat à qui que ce soit. L'intérêt n'est pas de gagner, il est de prendre plaisir à exprimer ce qui émerge de votre intériorité, spontanément.

4. Originalité

Dans une assimilation profonde à ses émotions, ce mécanisme entraîne son porteur dans une surenchère émotionnelle pour pouvoir se sentir vivant. L'évitement de la banalité étant au centre du débat, tout ce que l'autre manifeste d'original provoque potentiellement un sentiment de manque d'originalité propre, dans un contraste illusoire.

On comprend donc que les priorités pour une personne prise plus que de raison dans ce mécanisme soient de prendre du recul par rapport à ses émotions et de rehausser l'estime de soi.

Prendre conscience de tout ce qui ne vous manque pas

Sûrement êtes-vous plus sensible à ce qui ne va pas plutôt qu'à ce qui va bien. C'est le vieux principe du verre à moitié vide ou du verre à moitié plein...

Et pourtant, mettre un coup de projecteur sur vos ressources et qualités, en toute humilité, fait souvent le plus grand bien.

Faites une liste. Notez toutes vos qualités, toutes les choses que vous faites bien. Reprenez cette liste plusieurs fois dans la journée pour la compléter dans divers contextes.

Demandez à votre entourage ce qui est apprécié chez vous. N'hésitez pas, vous serez surpris par tous les points positifs que les autres remarquent parfois plus que vous. Complétez votre liste avec les éléments récoltés.

Prendre du recul

Si trop souvent vous sentez vos émotions déborder et vous submerger, il peut être souhaitable d'apprendre à vous distancier, à prendre un peu de recul, à vous dissocier de l'émotion. L'enjeu n'est pas de ne plus rien ressentir mais de baisser l'intensité émotionnelle trop forte à un moment donné en prenant la juste distance par rapport à elle.

À chaque fois que vous voudrez réguler votre émotion, procédez de la manière suivante :

Imaginez-vous confortablement installé dans une salle de cinéma. Peut-être est-ce une salle moderne, peut-être une de ces anciennes salles comme on n'en fait plus, avec des fauteuils rouges et le rideau qui s'ouvre quand le film commence... Peut-être est-elle grande, peut-être petite... ? À vous de choisir la salle dans laquelle vous vous sentez bien. Or donc, vous êtes confortablement installé dans cette salle et, sur l'écran, on projette un film. C'est un film dont vous êtes le héros et qui montre ce que vous êtes en train de vivre avec cette émotion qui emporte tout. Comment vous sentez-vous dans ce fauteuil ? L'intensité émotionnelle est-elle plus douce ? C'est fort probable.

Si c'est encore trop fort, vous pourriez vous imaginer dans la cabine du projectionniste, à regarder la salle par une petite fenêtre. Dans cette salle, vous pouvez vous voir assis sur le fauteuil, en train de regarder le film dont vous êtes le héros. Quelle est l'intensité émotionnelle à présent ? Vu d'ici, s'il a été nécessaire d'aller jusque-là, vous devriez vivre la scène avec une intensité beaucoup plus raisonnable.

Avec ce ressenti, en imagination, revenez dans votre fauteuil et replongez dans l'écran pour vivre pleinement la suite de l'événement avec plus de sérénité.

La chasse à l'autocritique

La critique envers soi-même peut souvent avoir des effets désastreux. Apprenez à repérer et refuser de tels sabotages.

Repensez à une situation récente durant laquelle vous vous êtes beaucoup critiqué vous-même. Rédigez un court texte qui décrit la situation. Que s'est-il passé ? Quelles ont été les critiques ?

Relisez le texte et affinez-le pour que ressorte ce que vous vous reprochiez très exactement, de la façon la plus mesurable possible. Par exemple, « j'étais en retard » devra se transformer en quelque chose qui pourrait ressembler à « j'avais 1 minutes 45 secondes de retard ».

Pour chaque « faute » listée, évaluez sur une échelle de 1 à 10 la gravité du faux pas que vous pensez avoir fait. Ces erreurs étaient-elles, objectivement, si graves que cela ?

Quel écart constatez-vous entre ce jugement flou et subjectif que vous portiez sur vous-même au début et une appréciation objective de la situation ?

Accepter les signes de reconnaissance

Si vous refusez les signes de reconnaissance que les autres vous envoient, si vous ne voulez pas entendre les nombreuses choses positives que vos interlocuteurs constatent sur vous et dont ils vous font part, vous aurez vite des problèmes d'estime de vous-même.

Comment vous sentez-vous quand on vous fait un compliment sur votre physique ? L'acceptez-vous facilement ou bien avez-vous tendance à le rejeter ? Si vous le rejetez, pourquoi ? Serait-ce que vous n'y croyez pas ? Auquel cas, ne se pourrait-il pas que l'auteur du compliment pense sincèrement ce qu'il vient de dire ? Quelle catastrophe pourrait bien arriver si vous acceptiez ce compliment ? Pourquoi ne profiteriez-vous pas de cette ressource qui vous est offerte, la prochaine fois ?

Posez-vous les mêmes questions si on vous fait un compliment sur votre caractère, sur votre travail, sur votre positionnement par rapport à une certaine situation.

A contrario, à quelle hauteur acceptez-vous sans retenue un regard désapprobateur quand vous exposez quelque chose ? Ou une remarque d'humour blessante ? Pourquoi ne rejetez-vous pas ces éléments plutôt que les compliments qui vous sont faits ? Quelle catastrophe pourrait bien arriver si vous ne prêtiez pas vraiment attention à ces signes négatifs ?

Cesser le sabotage

Établissez une liste des attitudes physiques, comportements et pensées qui vous sabotent régulièrement.

Exemple

> **Je baisse les yeux quand je parle (attitude physique), je parle tout doucement (comportement) et j'ai une petite voix dans ma tête qui n'arrête pas de dire que mes structures de phrases sont maladroites (pensée).**

Pour chacune de ces attitudes, cherchez des antidotes, des choses que vous pourriez faire à la place et qui vous ressourceraient.

Exemple

> **Je regarde vers l'horizon, je parle au même niveau sonore que lorsque je me parle seul dans la glace de la salle de bain et je me rappelle que j'ai eu une bonne note en français au bac.**

Prenez des engagements avec vous-même pour remplacer les saboteurs par les solutions qui viennent d'émerger.

5. Explication du monde

Le mécanisme 5. Explication du monde pousse à considérer, à tort, que pour bien comprendre les choses, il faut être un observateur détaché de ce qui est observé. C'est une grande illusion quand on sait que l'observateur fait toujours partie du système qu'il observe. Il s'ensuit une tendance naturelle à l'isolement à tous les niveaux. Isolement social, mise à distance de ses émotions, mise à distance de ses ressentis corporels. Il sera bon ici d'envisager des pratiques de « reconnexion », tant sociales que vis-à-vis de soi-même.

Changer de politique

Je vous propose un petit travail de recherche documentaire. Les mots-clefs seront « isolationnisme » et « libre échange ». Je vous invite à réunir un maximum d'informations sur ces deux mots afin de pouvoir établir objectivement une synthèse qui tiendra sur une simple feuille et qui permettra de voir d'un coup d'œil les avantages et les inconvénients de chacune de ces politiques.

Il est évident que les éléments avancés devront être étayés par des chiffres, des exemples, des éléments historiques.

Il y a fort à parier que l'objectivité de votre travail amène à la conclusion qu'il n'y a pas de solution idéale et que la bonne politique consiste en un savant dosage des deux.

La qualité des informations que vous aurez récoltées devrait vous permettre de définir quel est le point optimal sur lequel placer le curseur.

Si votre vie était comme un pays qu'il faut gérer, entre isolationnisme et libre échange intégral, que diriez-vous de votre ligne politique actuelle ? Le curseur est-il à l'optimum ? Si non, quelles sont les trois lois que vous pourriez voter pour vous-même et vous appliquer pour améliorer votre commerce avec les autres ?

Explorer son univers émotionnel

Faites une liste de tous les adjectifs que vous connaissez qui qualifient un sentiment ou une émotion. N'hésitez pas à faire quelques recherches pour enrichir cette liste.

Pour vous aider à démarrer, voici quelques termes classiques :

curieux – grisé – rassuré – rayonnant – galvanisé – calme – excité – serein – étonné – confiant – heureux – hilare – amusé – emballé – abattu – dérangé – désolé – malheureux – soucieux – déçu –

blessé – insatisfait – indécis – triste – frustré – désarmé – écrasé – coupable – isolé – pas aimé – envahi…

Pour chacun des mots, cherchez dans vos souvenirs des situations durant lesquelles vous avez éprouvé ce que le mot décrit. Était-ce fort ? Léger ? Y a-t-il certains mots pour lesquels il est facile de trouver des exemples et d'autres qui vous semblent des inconnus ?

Établissez une typologie de votre univers émotionnel. Que ressentez-vous le plus ? À quelle fréquence ? Que pensez-vous ne jamais avoir ressenti ?

Investir l'espace social

Faites un bilan de votre investissement social. Faites la liste des gens qui vous sont très proches et que vous voyez souvent avec plaisir. Faites ensuite la liste de ceux que vous appréciez et voyez moins. Enfin la liste de votre réseau relationnel large.

Êtes-vous satisfait de votre niveau d'implication sociale ? Si oui, c'est parfait. Sinon, il faut bien reconnaître que l'être humain est ainsi fait qu'il y a peu de chances qu'on vienne vous chercher dans votre trou. En revanche, il n'y a absolument aucune raison que vous ne soyez pas bienvenu. Mais ce sera toujours à vous d'aller vers les autres si vous voulez élargir votre espace social.

Établissez un plan d'action. Comment faire pour avoir plus de contacts ? Peut-être pourriez-vous décider de vous mettre à une activité qui se pratique en groupe et installer une régularité hebdomadaire ?

C'est à vous de jouer…

Se reconnecter à son corps

Installez-vous confortablement et fermez les yeux. Écoutez votre corps. Sentez votre poitrine qui se lève et s'abaisse régulièrement au rythme de votre respiration.

Mettez-vous à l'écoute des sensations en provenance de votre pied gauche. Peut-être n'y a-t-il rien. C'est aussi une information ! Passez ensuite aux sensations du pied droit. Puis remontez doucement en prenant le temps nécessaire à chaque étape. Votre jambe gauche, puis votre jambe droite. Votre main gauche, puis votre main droite. Votre bras gauche, puis votre bras droit. Votre ventre. Votre thorax. Votre cou. Votre visage. Votre crâne.

Terminez en écoutant la sensation globale qui se dégage de la somme de toutes les sensations que vous venez d'explorer.

Savoir agir sans savoir

Vous remarquerez que, bien souvent, avant de passer à l'action, vous avez besoin d'accumuler des informations sur le sujet et d'avoir une vision des tenants et aboutissants de la situation.

Choisissez une situation qui ne soit pas critique et qui demande une action de votre part. Interdisez-vous formellement d'avoir recours à votre mécanisme habituel d'analyse préalable de la situation et foncez dans l'action sans « savoir ».

Comment était l'expérience ? Cela s'est-il mal passé ? Quels avantages avez-vous trouvés à ce comportement inhabituel ? Seriez-vous prêt à recommencer sur un sujet un peu plus impliquant ?

Plus vous pratiquerez cet exercice et plus, petit à petit, sans se mettre en danger, vous apprendrez à agir dans la spontanéité quand cela est adéquat.

6. Quête d'approbation

Ce mécanisme s'appuie sur une vision d'un monde extérieur dangereux dans lequel on ne serait pas à la hauteur pour survivre seul, générant des comportements visant à éviter à tout prix d'être rejeté du groupe qui garantit sa sécurité. On comprend dès lors le potentiel anxiogène du mécanisme.

Doutant de soi, on en vient à douter aussi des autres et de leurs intentions. Aussi va-t-il y avoir une tendance à sonder en permanence, à la recherche de motivations cachées, et à recouper les informations qui sont disponibles pour y trouver des contradictions.

Des pratiques visant à diminuer le stress et à sortir du doute seront ici les bienvenus.

Votre profil de stress

Procurez-vous un petit calepin qui sera le journal de bord de votre stress.

Prenez l'habitude d'y noter toutes les situations stressantes que vous rencontrez, et à chaque fois d'y adjoindre une note de 1 à 10, en fonction du niveau de stress vécu.

Une fois par semaine, faites le point en relisant votre carnet.

Quels sont les types de situation qui vous stressent le plus, auxquels vous êtes le plus sensible ?

Face à chaque type de situation dégagé, qu'auriez-vous pu mettre en place pour réduire l'inconfort ? Sur quelles ressources pourriez-vous vous appuyer pour avoir plus de confiance en soi ?

Notez vos nouvelles stratégies sur une page « bilan de la semaine » et n'oubliez pas de les mettre en œuvre dès la semaine qui suit.

De semaine en semaine, avec votre journal de bord, vous cernerez de mieux en mieux quels facteurs sont les plus anxiogènes pour vous et quelles sont les meilleures stratégies que vous aurez créées pour y répondre.

Sortir de la projection

Souvent, une personne en « quête d'approbation » a une tendance marquée à la projection, qui est un mécanisme qui consiste à attribuer aux autres des émotions gênantes qu'elle ne veut pas reconnaître en elle.

Non, vous ne pouvez pas savoir ce qui se passe dans la tête d'un autre, et vos suppositions, si on en croit l'ennéagramme, ont 8 chances sur 9 d'être fausses.

Quand vous êtes convaincu de savoir ce que votre interlocuteur pense ou ressent, spécialement quand cela est plutôt négatif et dirigé contre vous, sur quoi se fonde votre conviction ?

Posez-vous systématiquement la question de savoir s'il y a des éléments concrets, factuels, observables, pour appuyer votre « intuition ». Si vous voulez vraiment douter, doutez « au bon endroit » en ne validant pas vos impressions sans preuves.

Affronter ses peurs

Éviter ce qui vous fait le plus peur ne diminuera jamais votre peur de la chose.

Mettez en place une minuterie, réveil ou téléphone portable, et programmez une sonnerie pour dans 10 minutes.

Une fois le compteur lancé, imaginez ce qui vous fait peur. Développez un scénario catastrophe en imaginant les pires conséquences, conduisant à bien pire encore. À chaque fois, posez-vous la question : et à ce moment-là, qu'est-ce qui pourrait arriver de pire ?

Dès que la sonnerie retentit, le jeu est fini. Vous pouvez aller prendre l'air et penser à tout autre chose.

Répétez l'exercice quotidiennement. Au bout de quelques jours, il y a fort à parier que vous aurez déjà un peu domestiqué vos démons.

Partager ses angoisses

Il n'y a pas de honte à avoir des craintes ou des peurs. Tout le monde en a. Même si certains les cachent derrière une façade plus ou moins haute. Et rien n'est plus efficace pour relativiser ses angoisses que de les partager.

Identifiez dans votre entourage des personnes de confiance, avec qui vous pouvez parler en vous sentant en sécurité, et partagez vos angoisses avec eux. Peut-être découvrirez-vous que vous n'êtes pas seul à avoir certaines peurs, ou bien le point de vue de l'autre vous permettra-t-il de voir les choses autrement...

Le jardin des ressources

Que font les grands sportifs pour limiter le stress lors d'une performance décisive ? Ils visualisent l'épreuve dans leur tête, plusieurs fois à l'avance, de sorte que lorsqu'il s'agit de la véritable épreuve, ils sont déjà dans du connu, et il y a moins d'appréhension par rapport à ce qui pourrait arriver.

Devant une tâche à accomplir, vous pouvez vous aussi faire une visualisation positive, vous imaginer accomplir ce qu'il y a à faire dans un scénario où tout va bien. Cette visualisation sera un peu comme une fleur dans votre jardin intérieur.

Visualisez à nouveau, en changeant une hypothèse. Cette fois-ci, peut-être y a-t-il un léger contretemps. Mais vous trouvez une solution pour le gérer et atteindre l'objectif. Et voici qu'une deuxième fleur a poussé dans votre jardin.

Renouvelez l'expérience jusqu'à vous sentir à l'aise à l'idée d'affronter l'épreuve.

Le moment venu, vous pourrez mobiliser toutes les ressources patiemment construites pour vous soutenir en visualisant votre jardin.

7. Optimisme

Ce mécanisme contribue au débordement d'idées, ce qui génère souvent plusieurs projets en même temps, parfois pour n'en finir aucun. Si la capacité à planifier est réelle, la persévérance est plus difficile à trouver. La souffrance étant la chose à éviter à tout prix, il s'agit de se faire plaisir en toute circonstance. Ce qui compte, c'est l'excitation associée au démarrage, le foisonnement d'idées.

On va ici chercher à bâtir des scénarios permettant d'éviter de souffrir. L'objectif est de se trouver en toute circonstance avec des plans de secours permettant de ne pas se retrouver coincé à devoir subir le « désagréable ». Il faut donc en permanence avoir des options ouvertes.

Sur cette base, des pratiques visant à se concentrer, à aller vers de l'approfondissement et à solliciter ses émotions seront les bienvenues.

Prendre son temps

Prenez conscience de cette petite voix qui tourne à l'intérieur de votre tête et qui vous dit à longueur de journée : « Dépêche-toi, dépêche-toi ! » Un peu comme le lapin d'*Alice aux pays des merveilles* qui doit courir car il a rendez-vous. Et à peine arrivé au rendez-vous, vous irez courir vers un autre rendez-vous, à n'en plus finir.

Installez une étape de dégustation obligatoire entre le moment où vous atteignez la cible qui vous a mis en mouvement et le moment où vous cherchez à atteindre une autre cible. Sinon, vous risquez de passer votre temps à courir après une satisfaction que vous n'obtiendrez jamais !

« Qui trop embrasse mal étreint »

À vouloir mettre trop de choses en route en même temps, on se disperse, on commence tout et on ne finit rien, sauf peut-être si l'on dispose d'autant de bras que certaines divinités du panthéon indien.

On retrouve trace de l'expression « qui trop embrasse mal étreint » dès la fin du XIVe siècle. Cette indication chronologique vous aidera à ne pas la confondre avec une expression plus récente : « Qui trop embrasse manque le train. »

Ce principe de bon sens est tellement admis que plusieurs proverbes expriment cette idée. On peut par exemple citer la phrase « On ne peut pas être au four et au moulin ».

Saurez-vous retrouver toutes les expressions populaires qui transmettent ce principe en un temps record ?

Laisser virevolter ses émotions

Imaginez une plume dans l'air, légère (à moins que vous ne souhaitiez jouer avec une vraie plume, ce qui est aussi possible). Au moindre souffle d'air, elle part à gauche ou à droite, monte ou descend. Faites comme si la plume était vraiment là. Soufflez dessus et imaginez son mouvement. Faites en sorte qu'elle ne touche pas le sol et reste dans la pièce.

Ce faisant, écoutez vos ressentis intérieurs. Qu'y a-t-il en vous quand la plume monte, quand elle descend, quand elle ne va pas là où vous aviez prévu ? De la joie, de la peur, de la colère, de la tristesse ?

Jouez avec la plume tout en observant les conséquences de son mouvement sur vos émotions intérieures.

Planifier sa présence

Prévoyez des moments dans la journée durant lesquels vous serez présent à l'instant. Pour se faire, prévoyez un réveil et programmez une sonnerie correspondant à la durée de la plage de temps consacrée à l'exercice. Au début, commencez avec 15 minutes et allongez le temps si l'exercice vous donne de bons retours. Durant le temps de l'exercice, oubliez le temps, le réveil vous rappellera à l'ordre le moment venu.

Déconnectez-vous. Plus de téléphone, plus de projets pour demain, plus d'urgence. Seul l'instant présent doit exister. Observez autour de vous. Observez les sensations que provoquent vos perceptions à l'intérieur de vous. Soyez pleinement avec votre corps, à son écoute attentive. Vous n'êtes pas en train de rater quoi que ce soit de plus intéressant à faire ailleurs. Cet ailleurs viendra le moment venu, au moment où, déjà, le réveil sonnera.

Les prisonniers de la liberté

La liberté est un besoin capital quand il s'agit du mécanisme « Optimisme ». Toutefois faut-il prendre soin d'identifier la liberté dont on parle. En effet, ce mot recouvre deux conceptions. La première à laquelle on pense en général correspond à la possibilité de faire ce qu'on veut, quand on veut, sans entraves ni limites. La seconde correspond à la liberté de choisir, de décider par soi-même, d'être maître de ses choix.

La confusion qui règne parfois entre les deux définitions peut facilement conduire à des emprisonnements paradoxaux. Si, au nom de ma liberté d'action, je renonce à une situation qui limiterait l'espace de mes possibilités, et si ce renoncement n'est pas ce que j'avais envie de choisir (dans ma liberté de choix), alors je suis devenu l'esclave de mon principe de liberté « à tout prix ». Je suis conceptuellement libre, au prix d'un enfermement qui me prive de mon choix.

On rencontre souvent ce paradoxe, par exemple, chez des personnes qui ne veulent pas prendre un engagement de couple au nom de leur liberté d'action, renonçant alors à leur liberté de choix.

Prenez le temps de faire une liste des situations où vos choix ne vous conviennent pas. Évaluez dans quelle mesure le choix contraire entraverait votre liberté d'action et dans quelle mesure c'est le refus de cette limitation qui vous empêche de faire un choix qui serait satisfaisant. Vous repérerez ainsi tous les endroits où vous êtes prisonnier du concept de liberté.

8. Recherche de pouvoir

Ce mécanisme induit des comportements qui visent à obtenir et garder le pouvoir afin de démontrer sa force et son courage. Son porteur a un franc-parler et fonctionne souvent sur le principe du tout ou rien.

L'enjeu sera ici de développer son sens de l'altérité pour éviter que les tensions et situations conflictuelles ne se multiplient.

Accepter sa faiblesse

À la belle saison, si vous le pouvez, allez à la plage ou bien au bord d'un lac. Sinon, une piscine publique fera l'affaire. Si vous ne savez pas nager, aucun souci, n'allez jamais au-delà d'une profondeur où vous avez pied. Prenez de l'eau dans un récipient. Constatez que quelle que soit la forme de ce dernier, l'eau entre docilement à l'intérieur. L'eau prend tout l'espace, vous ne contrôlez rien.

À présent, je vous invite à montrer à l'eau qui a le plus de volonté, qui est le plus fort. Mettez toute votre énergie à créer un trou dans l'eau de sorte que le fond soit en contact avec l'air ambiant. Au bout de combien de temps allez-vous renoncer, épuisé ? Qui est le plus fort dans l'histoire ? Vous, ou l'eau pourtant si malléable ?

Et si nos faiblesses étaient nos plus grandes forces ?

Pardonner

Faites une liste de personnes qui vous ont fait des choses que vous ne leur pardonnez pas.

En face de chaque nom, indiquez vos griefs.

Imaginez-vous à présent être cette autre personne, dans la situation évoquée. Qu'auriez-vous fait à sa place, sincèrement ? Ne vous est-il pas déjà arrivé de faire une chose similaire à quelqu'un d'autre qui pourrait vous en vouloir ?

Notez à présent face à chaque nom ce que cette rancune vous empêche de faire. Que pourriez-vous faire s'il n'y avait pas cette colère ? C'est le prix à payer pour ne pas pardonner.

On n'a souvent pas conscience que le pardon, c'est un cadeau qu'on se fait d'abord à soi-même, car il nous libère. N'y a-t-il pas dans votre liste quelques lignes dont vous aimeriez vous libérer, en ayant juste la force de pardonner ?

Passer du « ou » au « et »

La dualité est parfois source de tension, voire de conflit. Penser que quelque chose est noir ou blanc, et qu'il n'y a pas de demi-mesure, pas d'arc-en-ciel de couleurs possible entre les deux, nous enferme dans des ornières alors que d'autres voies existent. Cette vision manichéenne des choses est souvent soutenue dans notre langage par l'emploi de « ou » : c'est noir OU blanc, c'est vrai OU faux, c'est lui OU moi, vous êtes avec moi OU contre moi.

Afin d'assouplir notre vision du monde, remplacer quand c'est possible « ou » par « et » est une bonne piste.

Écoutez la manière dont vous parlez et repérez tous les endroits où vous utilisez « ou ». Remplacez ce « ou » par « et », voyez alors comment cela change votre perception de la situation. Un univers d'options s'ouvre à présent à vous.

Ne généralisons pas

Généraliser, c'est étendre ce qui peut être vrai dans un cas particulier à la totalité des situations.

C'est dire « toujours » ou « jamais » dans des phrases comme : « tu es toujours en retard » ou bien « tu ne m'écoutes jamais ». Il y a fort à parier que, dans ces deux exemples, nous sommes face à une exagération et que leur auteur répondrait : « ce n'est pas ce que je voulais dire » si on lui demandait par exemple s'il n'y a pas eu une seule fois où la personne visée est arrivée à l'heure. Et pourtant, c'est ce qu'elle a dit, posant par là une représentation faussée de la situation.

Écoutez la manière dont vous parlez. Repérez toutes les fois où vous utilisez « toujours » et « jamais » dans votre langage. Apprenez chaque fois à vous questionner. Peut-on être aussi catégorique ? Ne serait-il pas dans beaucoup de situations plus juste d'utiliser « souvent » et « rarement » ?

Distinguer un ressenti d'une interprétation

Un ressenti vous appartient et exprime votre degré de satisfaction – ou d'insatisfaction – par rapport à une situation. Une interprétation est un jugement mental de la situation.

Un ressenti est toujours juste, puisqu'il parle de ce qui se passe à l'intérieur de vous, et vous êtes le mieux placé pour en parler. Une interprétation porte sur le monde extérieur, elle est donc toujours relative. En regardant la situation sous un autre angle, l'interprétation peut changer, et en conséquence amener à d'autres ressentis plus positifs.

Aussi, quand vous ressentez quelque chose qui provoque un inconfort, posez-vous toujours la question de savoir si c'est un ressenti ou une interprétation.

Se sentir attaqué est une interprétation, car cela suppose une volonté d'attaque de la part de l'autre. Se sentir en danger, en revanche, est un ressenti. Mais on peut se demander dans quelle mesure ce n'est pas l'interprétation d'une attaque qui renforce ce ressenti.

À chaque fois que ce que vous ressentez implique une tierce personne (je me sens trahi, abandonné, méprisé...), prenez l'habitude de vous poser la question de l'interprétation qui se cache derrière.

9. Quête d'harmonie

Ce mécanisme induit des comportements de médiateur, faits d'acceptation et de soutien. Ce qui pose problème à celui qui agit sous l'emprise de ce mécanisme, ce sont les situations dans lesquelles des individualités s'opposent. Ne voulant pas qu'une de ses décisions puissent initier un conflit, il a beaucoup de mal à se décider. Cherchant les contextes où règnent le calme et l'harmonie, il a de grandes difficultés à dire « non ».

Des pratiques visant à plus d'affirmation de soi et aidant à ne pas toujours remettre au lendemain seront ici les bienvenues.

Savoir dire non

Peut-être avez-vous parfois un peu de mal à dire non, à vous affirmer dans le refus. Alors vous utilisez un « peut-être » très diplomatique qui en fait est un « non » déguisé. Le problème, c'est que votre interlocuteur n'entend pas ce refus et garde espoir que les choses avancent. Il demande « Le feras-tu ? », vous répondez « Peut-être », et le voilà qui garde un faux espoir, qui au bout d'un moment va potentiellement se transformer en énervement, avec à la clef un conflit bien plus fort que celui que vous cherchiez à éviter en ne refusant pas catégoriquement...

Écoutez-vous. Traquez les moments où vous employez des formes détournées qui vous permettent de ne pas vraiment affirmer votre position. Si vous savez qu'au fond de vous, ce n'est pas possible, pourquoi ne pas simplement le faire savoir à l'autre, montrant ainsi à quel point vous le respectez ?

Ce pourrait être une bonne idée, non ?

Savoir gérer les priorités

Peut-être avez-vous parfois des difficultés à vous organiser et, vous sentant ainsi submergé par le nombre de tâches, sombrezvous dans un certain immobilisme. Voici une bonne pratique pour mieux gérer vos priorités.

Faites la liste de toutes les choses que vous devez faire.

Tracez une colonne et, à chaque ligne, indiquez l'urgence de la tâche. Est-elle urgente ou non urgente ?

Ajoutez une autre colonne et indiquez à présent l'importance de la tâche, qui n'a strictement aucun rapport avec son caractère d'urgence. Est-ce important ou pas important ?

Vous vous retrouverez ainsi avec 4 priorités distinctes :

1. Les tâches urgentes et importantes : il n'y a pas à hésiter, ici il y a le feu, elles passent en priorité.
2. Les tâches non urgentes mais importantes : ne les repoussez pas, c'est un investissement sur l'avenir, car ces tâches importantes, si elles ne sont pas faites, deviendront un jour urgentes et vous aurez alors à jouer les pompiers.
3. Les tâches urgentes mais pas importantes : n'est-ce pas là une bonne occasion pour déléguer à d'autres ?
4. Les tâches non urgentes et non importantes : franchement, on ne devrait y penser que quand le reste est déjà réglé, non ?

À vous de jouer !

Traquer les « chronophages »

Les « chronophages », ce sont des mange-temps. Ce sont toutes ces activités pas importantes et pas urgentes qui vous détournent de l'important et qui finissent par créer de la pression car ce qui devait être fait n'est pas fait. Les jeux vidéo sur votre téléphone portable en sont un exemple emblématique. Il est légitime de prendre du temps pour se relaxer. C'est important pour votre équilibre et cela peut même parfois être indispensable. Mais si quelques minutes de jeu peuvent être entièrement justifiées, une fois ce besoin de détente comblé, vous entrez dans l'univers du chronophage !

Faites une liste de tous les chronophages qui polluent votre vie. Pour chacun d'eux, que pouvez-vous décider de mettre en place aujourd'hui pour diminuer leur importance dans votre vie ?

Pourquoi attendre ?

À chaque fois que vous vous trouvez devant une tâche que vous avez envie de remettre au lendemain, posez-vous les questions suivantes :

1. En ne le faisant pas, qu'est-ce que j'espère ? Que quelqu'un d'autre le fasse ? Qu'un « contrordre » arrive ? Que cela me permette de faire autre chose de clairement identifié à la place ?
2. Quels inconvénients y a-t-il à ne pas le faire tout de suite ? J'y pense tout le temps ? Je culpabilise ? J'ai de moins en moins envie de m'y mettre ?
3. Quels inconvénients y aurait-il à le faire tout de suite ?
4. Quels avantages y aurait-il à le faire tout de suite ?

Après vous être posé ces quatre familles de questions, peut-être mettrez-vous plus de cœur à l'ouvrage...

Chasser les idées négatives

Faites le bilan de toutes les idées négatives que vous avez sur le succès.

Pour chacune de ces idées, déroulez le fil logique, de proche en proche, de ses conséquences. Par exemple, ceux qui réussissent deviennent distants, donc si je réussissais je deviendrais distant, donc je ne serais plus moi-même, donc je ne réussis pas.

Reprennez chaque idée négative. D'où vous viennent ces idées ? N'est-il pas temps de les remplacer ?

INDEX DES PERSONNES

INDEX DES NOTIONS

R

S

T

V

Z

BIBLIOGRAPHIE

Pour découvrir et approfondir l'ennéagramme

Beesing, Maria ; Nogosek, Robert ; O'Leary, Patrick, *L'Ennéagramme, un itinéraire de vie intérieure*, Paris, Desclée de Brouwer, 2003

Benoit, Christine, *Mieux comprendre son enfant et communiquer avec lui grâce à l'ennéagramme*, Boucherville, Canada, Éditions de Mortagne, 2009

Frère Éphraïm, *Se connaître pour guérir*, Montrouge, Jubilé, 2003

Hampson, Michael, *Head versus Heart – and Our Gut Reactions*, Grande-Bretagne, O'Books, 2005

Ide, Pascal, *Les Neuf Portes de l'âme*, Paris, Fayard, 1999

Keyes, Margaret, *Emotions and The Enneagram*, Molysdatur, 1992

Keyes, Margaret, *The Enneagram Relationship Workbook*, Molysdatur, 1991

Naranjo, Claudio, *Ennéagramme, caractère et névrose*, Paris, InterÉditions, 2012

Naranjo, Claudio, *Ennea-Types Structures*, États-Unis, Gateways Books, 1991

Naranjo, Claudio, *Enneatypes in Psychotherapy*, États-Unis, Hohm Press, 1995

Palmer, Helen, *L'Ennéagramme au travail et en amour*, Paris, Éditions de l'Homme, 2000

Riso, Don Richard ; Hudson, Russ, *The Wisdom of The Enneagram*, Bantam, 1999

Salmon, Eric, *La Clé de l'ennéagramme : les sous-types*, Paris, InterÉditions, 2012

Vidal, Jean-Philippe, *L'Ennéagramme, 9 types de personnalité pour mieux se connaître*, Paris, Eyrolles, 2010

Vidal, Jean-Philippe, *L'Ennéagramme envolutif*, Castries, Clefs du présent, 2009

Vollmar, Klausbernd, *Le Manuel de l'ennéagramme*, Paris Guy Trédaniel éditeur, 2006

Wagele, Elisabeth, *L'Éducation des enfants par l'ennéagramme*, Paris, Vivez-Soleil, 2001

Wagele, Elisabeth ; Baron, Renee, *The Enneagram Made Easy*, États-Unis, HarperOne, 2000

Wagele, Elisabeth ; Baron, Renee, *Are You My Type, Am I Yours*, États-Unis, Harper, 1995

Wyman, Patricia, *Three Keys to Self-Understanding*, Gainesville, États-Unis, Center for Application of Psychologica Type, 2002

Ouvrages sur la 4e voie de Gurdjieff et l'ennéagramme des processus

Bennett, J.G., *Comment nous faisons les choses*, Paris, L'originel, 2011

Bennett, J.G., *Enneagram Studies*, Newburyport, États-Unis, Red Wheel Weiser, 1983

Bernier, Nathan, *The Enneagram, Symbol of All and Everything*, Londres, Gilgamesh, 2003

Blake, A.G.E., *The Intelligent Enneagram*, États-Unis, Shambhala, 1996

Négrier, Patrick, *Le Travail selon Gurdjieff : l'ennéagramme, la science des idiots*, Saint-Gilles-Croix-de-Vie, Ivoire Clair, 2008

Ouspensky, *Fragments d'un enseignement inconnu*, Paris, Stock, 2003

Approche spirituelle de l'ennéagramme

Almaas, A.H., *Facets of Unity*, États-Unis, Shambhala, 2000

Almaas, A.H., *Introduction à l'approche diamant*, Paris, Éditions du Relié, 1997

Leloup, Jean-Yves, *Introduction aux « vrais » philosophes*, Paris, Albin Michel, 1998

Maitri, Sandra, *Les 9 Visages de l'âme*, Paris, Payot, 2004

Wolinsky, Stephen, *The Tao of Chaos, Essence and The Enneagram*, Wilton Manors, États-Unis, Bramble Books, 1994

Utilisation de l'ennéagramme en entreprise

Lapid-Bogda, Ginger, *L'Ennéagramme : se connaître pour réussir*, Paris, ESF éditeurs, 2012

Chabreuil, Fabien et Patricia, *Comprendre et gérer les types de personnalité*, Paris, Dunod, 2005

Longin, Pierre, *Coachez votre équipe*, Paris, Dunod, 2006

Vidal, Jean-Philippe, *Les Positions de motivation,* Clefs du présent, 2012

Techniques complétant l'ennéagramme

Bandler, Richard, *Un cerveau pour changer*, Paris, Pocket, 2008

Cayrol, Alain ; de Saint Paul, Josiane, *Derrière la magie*, Paris, Eyrolles, 2010

Collignon, Gérard, *Comment leur dire...*, Paris, InterÉditions, 2010

Craig, Gary, *Le Manuel d'EFT*, Paris, Dangles, 2012

Cudicio, Catherine, *Le Grand Livre de la PNL*, Paris, Eyrolles, 2011

Erickson, Milton, *Ma voix t'accompagnera*, Hommes et groupes, 1998

Motto, Chantal, *Coacher les organisations avec les constellations systémiques*, Paris, InterÉditions, 2013

Potschka-Lang, Constanze ; Engel, Mathias, *Constellations systémiques : pratiques et perspectives*, Gap, Le Souffle d'Or, 2006

Stone, Hal & Sidra, *Votre critique intérieur : ennemi ou allié ?*, Warina, 2009

Ouvrages ouvrant le champ de réflexion

Bennett-Goleman, Tara, *L'Alchimie des émotions*, Paris, Robert Laffont, 2004

Capra, Fritjof, *La Toile de la vie*, Paris, Éditions du Rocher, 2003

Clouzot, Olivier, *Éveil et Verticalité*, Gap, Le Souffle d'Or, 2000

Horney, Karen, *La Personnalité névrotique de notre temps*, L'arche, 1997

Jung, Carl Gustav, *Types psychologiques*, Chêne-Bourg, Suisse, Georg, 1997

Macrez-Maurel, Joëlle, *S'autoriser à cheminer vers soi : Aurobindo, Jung, Krishnamurti*, Editions Véga, 2004

Mahler, Margaret ; Pine, Freud ; Bergman Anni, *La Naissance psychologique de l'être humain*, Paris, Payot, 1990

Stewart, Ian ; Joines, Vann, *Manuel d'analyse transactionnelle*, Paris, InterÉditions, 2005

Teilhard de Chardin, Pierre, *La Place de l'homme dans la nature*, Paris, Seuil, 1996

Wilber, Ken, *Une brève histoire de tout*, Boucherville, Canada, éditions de Mortagne, 1997

SITES INTERNET

International Enneagram Association :
www.internationalenneagram.org

École ennéagramme de Tradition orale, fondée par Helen Palmer et David Daniels, évoquée au chapitre 1 :
www.enneagramworldwide.com

École ennéagramme fondée par Don Riso et Russ Hudson, mouvance de la branche de Chicago évoquée au chapitre 1 :
www.enneagraminstitute.com

En français, ressources documentaires, outils et cursus complet de formation à l'ennéagramme : www.enneagramme-envolutif.com

Positions de Motivation, déclinaison opérationnelle de l'ennéagramme en entreprise : http://katalytis.fr

Test complet permettant de déterminer votre fonctionnement ennéagramme et bien plus : https://mojo.technology

Formation professionnelle au métier de coach s'appuyant très fortement sur l'ennéagramme : www.coaching-structurel.com

Site français de l'association internationale de PNL, INLPTA :
www.inlpta-france.org/inlpta.html

Technique EFT : www.technique-eft.com

Constellations familiales selon Bert Hellinger :
http://constellation-familiale.eu

Facilitateurs européens en Voice Dialog :
www.voice-dialogue-europe.net/fr/index.shtml

Centre Gurdjieff ayant mission de transmettre son œuvre :
www.centre-gurdjieff.org

École Arica d'Oscar Ichazo : www.arica.org

Approche diamant de A.H. Almaas : www.ridhwan.org

Dans la même collection

N° d'imprimeur : 903158
Dépôt légal : mars 2019
Deuxième tirage 2019
Imprimé en France